Christoph Zehendner

NAMASTE – DU BIST GESEHEN!

*Abenteuer*Mutmach*Hoffnungs-Geschichten aus Indien*

BRUNNEN
Verlag GmbH · Giessen

Zum Autor:
Der Journalist, Moderator, Texter und Theologe Christoph Zehendner, Jahrgang 1961, lebt mit seiner Frau Ingrid in Triefenstein bei Würzburg.
www.christoph-zehendner.de

MIX
Papier aus verantwortungsvollen Quellen
FSC® C014496

Projektleitung und Lektorat: Petra Hahn-Lütjen
Fotos: Hanna Förster, Ekkehard Graf, Michael Hahn, Petra Hahn-Lütjen, Christel Hüttner, Reinhold Klass, Suresh Penugula, Robert Rentschler, Markus Schanz, Christoph Zehendner, Ingrid Zehendner.
Umschlaggestaltung: Daniela Sprenger
Satz: Uhl + Massopust, Aalen
Herstellung: GGP Media GmbH, Pößneck
ISBN Buch 978-3-7655-0979-7
ISBN E-Book 978-3-7655-7498-6
www.brunnen-verlag.de

Mit diesem Buch verneige ich mich dankbar
vor den mutigen Männern und Frauen
der ersten Nethanja-Generation.
In den Siebziger- und Achtzigerjahren wagten und
investierten sie eine Menge –
in Deutschland wie in Indien.
Besonders denke ich an
Karl Ramsayer, Kripanandam Komanapalli
und Heiko Krimmer.

INHALT

STIMMEN ZUM BUCH

In seinen Reportagen gibt Christoph Zehendner ein eindrückliches Zeugnis von gelebter Nächstenliebe, Zivilcourage und Offenheit für andere Kulturen.

Seine sehr persönlichen Berichte verbinden auf besondere Weise nicht nur zwei Kontinente miteinander, sondern nehmen auch die Menschen in ihren verschiedensten Lebenssituationen in den Blick. Ein Blick, der verändert, der nachdenklich macht und für uns alle sehr bereichernd ist.

Winfried Kretschmann, Ministerpräsident des Landes Baden-Württemberg

♦

Wer einmal angefangen hat, in diesem Buch zu lesen, kann es nicht mehr aus der Hand legen.

In den Reportagen Christoph Zehendners schauen wir in die Augen der aidskranken Frauen und der in extremer Armut und Ausgrenzung lebenden Familien. Wir lesen von Hoffnung, Nächstenliebe und sozialem Tun der indischen Nethanjakirche und vom Evangelium heute und was Württemberg damit zu tun hat.

Dr. h. c. Frank Otfried July, Landesbischof der Evangelischen Kirche in Württemberg

♦

Christoph Zehendner hat ein Buch geschrieben, das man nicht lesen kann, ohne dass es das eigene Leben verändert!

Es ist ein lebendiges Beispiel dafür, was passiert, wenn Christen ihren Glauben ernst nehmen. Dass alles mit einer Begegnung eines Inders mit Christen in Deutschland beginnt, macht das Buch in Zeiten der Flüchtlingskrise aktueller denn je.

Iris Völlnagel, Journalistin, Indienkennerin

♦

Die bewegendsten Geschichten dieser Welt schreibt Gott selbst. Einige davon erzählt Christoph Zehendner in diesem Buch.

Ihre Helden sind unscheinbar und strahlen doch alle etwas Wunderbares aus – wohl deshalb, weil sie Teil einer großen Wundergeschichte sind:

das Mädchen mit den missgestalteten Beinen, das sich durch den Dreck eines Bauerndorfes robbt und später Lehrerin wird.

Bischof Singh, der „kleine Bruder von Mutter Teresa", der eine lebendige Kirche leitet.

Und natürlich der schwäbische Christ im CVJM Sindelfingen, der das Herz am rechten Fleck hat und sein Haus für einen indischen Fremden öffnet.

Christoph Zehendner erzählt behutsam und feinfühlig, unterhaltsam und tiefsinnig von seinen unscheinbaren Helden. Er versucht die Menschen zu verstehen und er hat einen Sinn für das Wirken Gottes.

Wohl gerade deshalb berührt dieses Buch mein Herz und bewegt meine Gedanken.

Steffen Kern, Pfarrer, Vorsitzender des Gemeinschaftsverbands „Die Apis" und Mitglied der EKD-Synode

♦

Da lebt einer Gastfreundschaft und macht die Tür auf für einen Fremden. Und öffnet damit Herzen und setzt eine Bewegung in Gang, die aus vielen kleinen Hoffnungs-Schritten etwas Großartiges schafft:

ein hochaktuelles Buch, das zum Nachmachen verführen will.

Ulrich Eggers, Vorsitzender Willow Creek Deutschland

♦

Dieses Buch hat Momente voller Überraschungen eingefangen, Skizzen und Beobachtungen, die uns diese beeindruckenden indischen Christen nahebringen.

Wir lernen den Bischof kennen und die Menschen, für die er Sorge trägt: Arme und Kranke, verfolgte Christen, und ganz viele, die uns in unserem Glauben und Handeln zum Vorbild werden können.

Br. Christian Hauter, Pfarrer und Prior der Christusträger-Bruderschaft, Kloster Triefenstein

♦

Man hört, riecht, schmeckt und sieht Indien, wenn man den sehr persönlichen Reisebericht von Christoph Zehendner liest.

Viele kleinere und größere Mosaiksteine zeigen die erstaunliche Geschichte einer besonderen Kirche und ihres Engagements für Menschen.

Echt, authentisch und Mut machend. Eine moderne Apostelgeschichte.

Stefan Loß, Leiter ERF Plus, ERF Medien

♦

Wieso sollte ich zu einem indischen Reisebericht etwas zu sagen haben?

Über meinen kleinen, relativ luxuriösen Tellerrand hinweg schauend, ließ ich mich auf die außergewöhnlichen und ansteckenden Erfahrungen ein.

„Namaste – du bist gesehen!“, so lautet der rote Faden dieser Reise.

Mit den Augen Jesu sieht der „Bischof der Hoffnung“, Singh, die aidsinfizierten jungen Frauen, die verstoßenen Witwen und die Gehandicapten.

Jetzt ahne ich, was gerade ich zu dem Bericht beitragen könnte, denn Menschen mit Handicap liegen mir natürlich ganz besonders am Herzen. Bei Bischof Singh und seiner Kirche gehören sie ganz selbstverständlich dazu. Seit einer Begegnung mit Mutter Teresa befolgt er deren Rat:

„Es ist nicht wichtig, wie perfekt du deine Arbeit machst. Es kommt darauf an, mit wie viel Liebe du sie tust.“

Die Begegnung mit Singh hat mich inspiriert und in den Bann gezogen. Ein wunderbares Beispiel, wie Liebe zur Tat wird.

Samuel Koch, Schauspieler

♦

„Du bist ein Gott, der mich sieht" nennt die Hagar der Bibel den liebenden Gott. Von dieser bewegenden Liebe erzählt das Buch *Namaste* inspirierend.

Wer kann schon abschätzen, was aus einer Einladung zum Weihnachtsfest werden kann?

Indem die kleinen Schritte der Entwicklung zum heute großen Hilfswerk *Kinderheime Nethanja Narsapur* fesselnd erzählt werden, wird der Leser selbst beschwingt, im täglichen Leben Gastfreundschaft und praktische Hilfe zu leben.

Pfarrerin Franziska Stocker-Schwarz, Leiterin der Württembergischen Bibelgesellschaft

◆

Christoph Zehendner erzählt die wunderbare Geschichte der Nethanja-Leute in vielen bewegenden Episoden: spannend, berührend und hin und wieder auch beschämend für uns Deutsche, die wir so selten aus unserer inneren und äußeren Komfortzone herauskommen.

Mit *Namaste* können wir Anteil nehmen an einer erstaunlichen Geschichte – und an Gottes Wirken über Länder- und Kulturgrenzen hinweg.

Ein tolles Buch und eine große Ermutigung, Gott mehr zuzutrauen!

Andrea Adams-Frey & Albert Frey, Sänger(in), Musiker(in), Songwriter(in)

Neu-Delhi
INDIEN
Kolkata
(Kalkutta)
Mumbai
(Bombay)
Visakhapatnam
Narsapur
Andhra
Pradesh

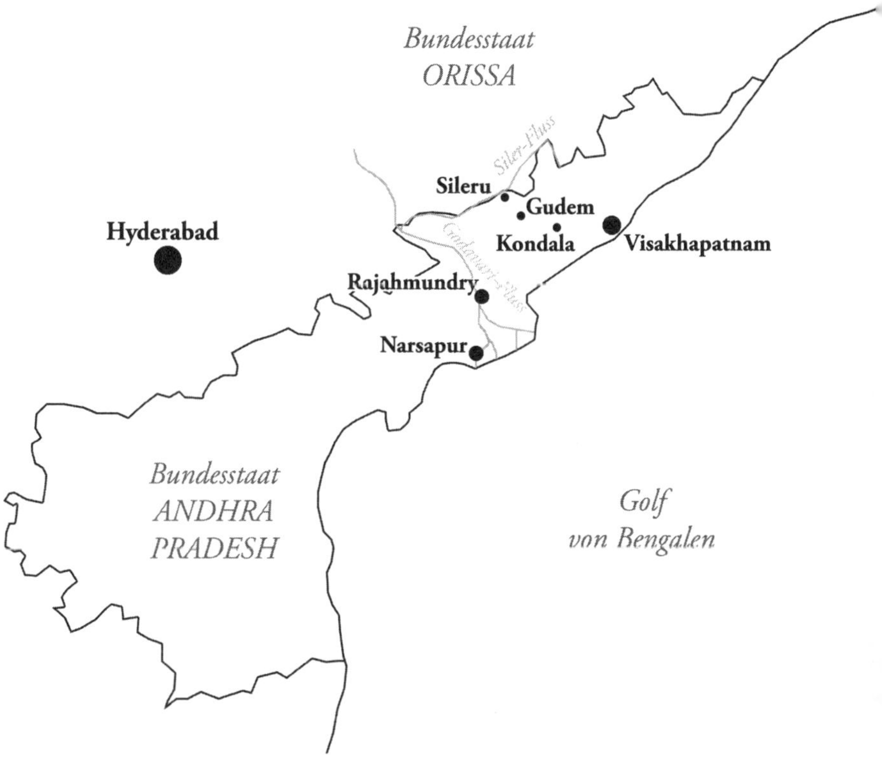
Bundesstaat
ORISSA
Siler-Fluss
Sileru
Gudem
Hyderabad
Kondala
Visakhapatnam
Godavari-Fluss
Rajahmundry
Narsapur
Bundesstaat
ANDHRA
PRADESH
Golf
von Bengalen

1

„DA KOMMT ETWAS GANZ GROSSES AUF UNS ZU!“

Manches Wunder fängt ganz bescheiden an.

Manche Erfolgsgeschichte beginnt mit einem winzigen Schritt.

Manche weitreichende Bewegung wird von einer eigentlich selbstverständlichen kleinen menschlichen Geste ausgelöst.

Wenn Gott wirkt.

Und wenn Menschen auf ihn hören und in seinem Sinne zupacken.

Zum Beispiel im Dezember 1963.

Im Haus eines CVJM im Süden Deutschlands, nur ein paar Schritte weg vom Zentrum der Stadt, hat sich eine farbenfrohe Gesellschaft versammelt. Menschen aus unterschiedlichen gesellschaftlichen Schichten sitzen zusammen und feiern Advent. Alleinstehende Frauen und Männer, Ehepaare, Familien mit vielen Kindern. Der „Christliche Verein junger Männer“ hier in Sindelfingen ist gastfreundlich. Nach dem Zweiten Weltkrieg hat er extra ein Haus für Flüchtlingsfamilien gebaut, die es aus den ehemals deutschen Ostgebieten hierher nach Schwaben verschlagen hat. Egal wo sie herkommen und egal was sie in der neuen Umgebung schon erreicht haben – hier sollen sie sich herzlich willkommen fühlen. Ein Stück Heimat und einen Ort der Geborgenheit finden.

Heute sitzt ein schüchterner Gast mitten drin in der Festgesellschaft. Jawaharlal Komanapalli erlebt Advent zum ersten Mal in Deutschland. Ein junger Mann aus Narsapur im indischen Bundesstaat Andhra Pradesh – im südöstlichen Teil Indiens gelegen, an der Küste, irgendwo zwischen Kalkutta und Madras. Er erweitert die ohnehin schon vielfältige Runde noch um eine Farbe. Ein Mann mit tiefdunklem Teint. Gut gekleidet, wohlerzogen und mit perfekten Tischmanieren. Aber eben durch und durch fremd in einer Welt, in der Ausländer und Menschen mit dunkler Hautfarbe noch selten sind wie ein Goldfisch im Karpfenteich.

Als Student ist Jawa – seinen kompletten Namen kann sich niemand hier merken – nach Deutschland gekommen. Im Lande der Tüftler und Schaffer soll er sich möglichst viel Ingenieurskunst aneignen. Das Geheimnis hinter dem „Made in Germany"-Gütezeichen ergründen. Den Einstieg ins Studium finanziert er sich als Schweißer am Fließband. Im großen Sindelfinger Werk von Mercedes-Benz baut er Luxuskarossen. „Beim Daimler", wie die Schwaben ihren größten Arbeitgeber liebevoll nennen, klotzt Jawa ran. Ein Studium in Deutschland ist eine kostspielige Angelegenheit.

Jawa stammt aus gehobenen Verhältnissen, aus einer der führenden „Kasten" – in Indien spielt diese Gliederung der Gesellschaft bis heute eine große Rolle, obwohl die Kasten offiziell schon lange abgeschafft sind.

Sein Vater Kripanandam kämpfte einst für Unabhängigkeit, politische und persönliche Freiheit, Menschenrechte. Gemeinsam mit Mahatma Gandhi und mit Nehru setzte er die Unabhängigkeit vom Kolonialstaat Großbritannien durch. Nehru, Indiens erster Premierminister, hieß übrigens ebenfalls Jawaharlal mit Vornamen. Aus Dankbarkeit und Respekt vor diesem Politiker bekam der Erstgeborene der Familie Komanapalli den gleichen Vornamen mit auf den Lebensweg.

Im Einsatz für seine politischen Ideale war Vater Komanapalli konsequent: Wie von Gandhi vorgelebt, legte auch er als Zeichen des Protestes die aus England importierte Kleidung ab. Er trug nur noch einfache Hemden und Hosen aus Baumwolle „Made in India". Sein friedlicher Prostest gegen die Kolonialmacht England brachte ihm einen Gefängnisaufenthalt ein. Verbiegen aber ließ er sich davon nicht.

Die Verantwortung für die Gesellschaft war auch nach der Unabhängigkeit ein großes Thema bei Komanapallis: Eine Zeit lang gestaltete Kripanandam Komanapalli als Kongressabgeordneter die Zukunft des neu gegründeten Staats Indien mit.

Nach dem Ausstieg aus der Politik hatte er als Geschäftsmann Erfolg. Und so konnte er es sich leisten, seinen Sohn ins ferne Deutschland zu schicken.

„*Versprich mir: Wenn du in Deutschland bist, dann nimmst du dort Kontakt zu Christen auf. Bitte triff dich mit Menschen, die wie wir in der Bibel lesen und nach Gottes Willen fragen*", so hat Jawas Mutter ihren Ältesten vor der Abreise ermahnt. Jawas Eltern sind Christen. Sie nehmen ihren Glauben an Jesus Christus ernst. Und sie möchten auch ihre Kinder – fünf Söhne und eine Tochter – entsprechend prägen. Seit einigen Generationen schon arbeitet die Großfamilie in einer christlichen Gemeinde mit. Nun sorgt sich die Mutter darum, dass ihr Sohn in der Fremde seinen Glauben verlieren könnte. Was bleibt ihm anderes übrig als zuzustimmen?

Und so sitzt Jawa also brav und folgsam im CVJM-Haus. Zwischen lauter Menschen, die ihm vollkommen fremd sind. Staunend erlebt er eine typisch deutsche Adventsfeier: mit Kerzenlicht und Tannengrün, mit Weihnachtsliedern und Tee, Plätzchen und Stollen. Wie üblich beim CVJM, gibt's natürlich auch eine „Andacht", einen kurzen Beitrag über einen Satz aus der Bibel. Und am Schluss wird gebetet. Stoff genug also, um das Programm zur

Mutter nach Hause zu melden und dort für eine gewisse Beruhigung zu sorgen.

Gastgeber der Adventsfeier ist Karl Ramsayer, Anfang vierzig, Jugenddiakon, viel unterwegs, um junge Leute zum Glauben an Jesus einzuladen. Ramsayer begrüßt den jungen Mann aus Indien offen und freundlich, ohne jedes Vorurteil. Herkunft, Sprache, Hautfarbe des Gastes – all das spielt für Ramsayer keine Rolle. Spontan lädt er den Gast aus der Ferne sogar zur Weihnachtsfeier zu sich nach Hause ein. Ramsayers haben selbst keine Kinder. Sie öffnen ihr Herz und ihre Haustür deshalb gerne für Menschen, die ein wenig Nestwärme und Familienanschluss brauchen könnten.

Auf die Adventsfeier im CVJM-Haus folgt wenig später die kleine Weihnachtsfeier im Hause Ramsayer. Und nicht lange danach bezieht Jawa bei den beiden freundlichen Schwaben ein Zimmerchen unterm Dach. Der junge Mann aus Indien erlebt in Deutschland eine wohltuende Mischung aus Gastfreundschaft und wertvoller Gemeinschaft unter Christen. Er fühlt sich gesehen. Von Herzen angenommen. Umsorgt wie ein Sohn des Hauses. Karl Ramsayer und seine Frau Irmgard werden für Jawa wie zweite Eltern. Diese Erfahrung bewegt den jungen Mann so sehr, dass er davon seinen Eltern zu Hause in Indien berichtet. Ausführlich. Mit Begeisterung.

Vater Kripanandam Komanapalli ist tief gerührt, als er die Berichte seines Sohnes aus der Ferne liest. Und vielleicht auch ein bisschen beschämt. Nach den begeisterten Berichten über die Gastfreundschaft in Deutschland reift ein Entschluss in ihm. Oder sollte ich besser schreiben: Durch die Berichte berührt Gott Kripanandams Herz auf einzigartige Weise?

So oder so, Vater Komanapalli beschließt: Ich möchte genauso gastfreundlich sein wie diese Menschen in Sindelfingen. Mein Sohn Jawa erlebt christliche Gastfreundschaft im kalten Deutschland.

Jetzt sollen einige der Ärmsten bei uns in Indien auch solche Gastfreundschaft erleben.

Kurz entschlossen beruft Kripanandam den Familienrat ein. Teilt seinen Entschluss mit und wirbt dafür. Und beginnt anschließend, den leer stehenden Kuhstall hinterm Haus zu einer Wohnung umzubauen. Dort schafft er Raum für fünf Jungs von der Straße. Bitterarme Kinder, ohne Verwandte, ohne Dach über dem Kopf, ohne Schulbildung. Er sieht sie und ihre Not. Er kümmert sich um sie. Nimmt sie in seine Familie auf. Sorgt dafür, dass sie eine Zukunftschance bekommen. Bringt ihnen den Glauben an Jesus Christus nahe.

Und Jawa?

Als er von dem privaten Hilfsprogramm seines Vaters hört, zweigt er regelmäßig etwas von seinen schwer verdienten Deutschen Mark ab. Und unterstützt damit den ersten kleinen Keim von Sozialarbeit. So kann das zarte Pflänzchen in Indien mit Unterstützung aus Deutschland Wurzeln schlagen und wachsen. Eine überschaubare Privatinitiative wird allmählich zum Anfang einer Hilfsorganisation. Eine Brücke der Solidarität entsteht. Eine Verbindung der Nächstenliebe über Kontinente hinweg.

„Die Not der Kinder ist so groß", meldet Vater Komanapalli nach Deutschland.

Jawa gibt die Nachricht weiter. Und so fühlen sich auch Karl Ramsayer und sein CVJM in Sindelfingen herausgefordert zu helfen. Bald kann Vater Komanapalli sich um immer mehr verwaiste Kinder kümmern. Die engagierten Mitarbeiterinnen und Mitarbeiter des CVJM unterstützen ihn. Ramsayer sucht und begleitet Pateneltern in Deutschland, die Monat für Monat für die Kosten eines Kindes in Indien aufkommen. Schon wenige Jahre nach der ungeahnt folgenreichen Adventsfeier in Sindelfingen haben bereits fünfzig Kinder in Narsapur eine neue Heimat gefunden.

Und das ist erst der Anfang. Viel später berichtet Karl Ramsayer über diese Phase: *„Wir hatten den Eindruck, da kommt etwas ganz Großes auf uns zu!"* Die Geschichte der nächsten Jahrzehnte gibt ihm recht.

Doch 1974 steht die hoffnungsvoll gestartete Initiative vor dem Aus: Vater Komanapalli ist sterbenskrank. Die Gelbsucht hat ihn so schwer erwischt, dass die Ärzte keinen Pfifferling mehr für sein Leben geben. Obwohl er mit dem Tod kämpft, trifft Kripanandam Komanapalli einen schwerwiegenden Entschluss: *„Wenn ich überleben sollte, dann werde ich nicht länger Geschäfte machen. Ich möchte lieber von Jesus erzählen. Möglichst viele Menschen in meinem Land sollen die Chance bekommen, ihn kennenzulernen"*, verspricht der Schwerkranke. Eine Art persönliches Gelübde, das er Gott gegenüber ablegt. Ohne mit einem Menschen darüber zu sprechen.

Und tatsächlich: Wie durch ein Wunder wird Vater Komanapalli wieder gesund. Der Ehrenmann hält, was er versprochen hat: Mit vierundsechzig Jahren wagt er einen beruflichen Neuanfang. Er zieht in den unwegsamen und wenig zivilisierten Siler-Dschungel im Bergland am Rande des Bundesstaats Andhra Pradesh. Dort lädt er Menschen zum Glauben ein. Begleitet und stärkt sie. Gründet Schulen und Gemeinden.

Aus diesen bescheidenen Anfängen wächst eine beeindruckende Organisation heran. Durch die Gastfreundschaft eines Ehepaares im Süden Deutschlands und einer Familie im indischen Narsapur entstehen eine Hilfsorganisation und eine lebendige Kirche. Heute besuchen etwa hundertzwanzigtausend Menschen sonntags einen Gottesdienst in einer der etwa tausendfünfhundert Nethanja-Gemeinden. Mehr als siebenhundert Kinder aus fürchterlichen Familienverhältnissen oder ganz ohne Familie können Heimat und

Nestwärme erleben und rund tausendzweihundert eine gute Schulbildung genießen.

Der Name der Organisation ist Programm: Nethanja. Auf Hebräisch, der Sprache des Alten Testaments, bedeutet das: Gott hat gegeben.

Gott gibt alles.

Im Städtchen Narsapur, wo alles begann.

In Rajahmundry am Godavari-Fluss.

Im ländlichen Kondalaagraharam.

Genauso aber auch in der Hafenstadt Visakhapatnam.

Im Dschungelstädtchen Sileru.

In Dörfern auf dem platten Land.

Und in den Slums der Großstädte.

Engagiert und hoch motiviert laden Pastoren der Nethanja-Kirche zum Glauben an Jesus Christus ein. Und gleichzeitig stehen sie und viele andere Mitarbeiter den Ärmsten der Gesellschaft in ihren Problemen bei. Mit Kinderheimen und Suppenküchen. Mit einem Krankenhaus, einer Aidsstation, einem Leprahospiz.

„Jesus ist Sieger", das ist das Lebensmotto des freundlichen Sindelfinger Gastgebers Karl Ramsayer, der den Stein ins Rollen bringt und damit eine Lawine der Liebe Gottes auslöst. Weihnachten 2013, fünfzig Jahre nach der folgenschweren Adventsfeier, stirbt der frühere Diakon, CVJM-Sekretär und Pfarrer im Alter von dreiundneunzig Jahren.

Hinterlassen hat er uns ein Beispiel dafür, was geschehen kann, wenn Menschen dieses Motto ernst nehmen.

Ein Beispiel dafür, wie durch Gottes Hilfe und durch menschliche Beiträge aus kleinen Schritten eine gewaltige Bewegung entstehen kann.

Ein Beispiel, das ansteckt und Mut macht.

Kommen Sie mit?

Ich möchte Ihnen gerne zeigen, wie die Begegnung bei einer deutschen Adventsfeier das Leben vieler Menschen verändert hat. Und dazu müssen Sie unbedingt die beeindruckenden Christinnen und Christen in Indien kennenlernen. Machen Sie sich mit mir auf den Weg dorthin?

2

„HIER SITZE ICH, ICH KANN NICHT ANDERS“

„Any passenger for Mumbai?“, schon zum dritten Mal kommt die freundliche Air-India-Stewardess mit dem zauberhaften Lächeln vorbeigeschwebt. Ihre stark geschminkten dunklen Augen fixieren mich einen Moment. Ich lächle zurück und schüttle den Kopf. Nein, ich will nicht nach Mumbai, das früher mal Bombay hieß. Auf meiner Bordkarte steht als Ziel „Visakhapatnam“. Eine Millionenstadt im Südosten Indiens. Vor meiner ersten Reise dorthin war mir der Name noch nie begegnet. Als ich mich dann auf den Weg machte, musste ich erst mal eine Weile üben. Es dauerte, bis ich den Namen der Stadt richtig schreiben und einigermaßen fehlerfrei aussprechen konnte: Wiescha-kapat-nam.

Später las ich die Städtewerbung: „Visakhapatnam – city of destiny“. Die Stadt des Schicksals. Wenn ich daran denke, muss ich schon wieder lächeln.

Erstaunlicherweise bin ich jetzt schon zum dritten Mal auf der Reise dorthin. Vor gut einer Stunde bin ich in Neu-Delhi gelandet, von Frankfurt aus nach knapp acht Stunden Flug. Danach ein paar Hundert Meter kreuz und quer durch Schalterhallen des modernen Indira-Gandhi-Flughafens. Aufzüge hoch, Rolltreppen runter. Noch mal das Handgepäck durchchecken lassen. Selbst „gescannt“ werden. Der indische Staat hat berechtigte Angst vor Terrorattacken aus dem Nachbarstaat Pakistan, außerdem machen verschiedene Terrorgruppen das Land unsicher.

Schließlich entdecke ich im letzten Eck einer Flughafenhalle die Oase der Erholung, in der ich diese Zeilen jetzt schreibe: die Lounge der Fluggesellschaft Air India. Eigentlich nur für Passagiere, die mit der teuren Business-Class geflogen sind. Aber ich habe zum Glück einen guten Tipp bekommen: Für ein paar Euro darf hier auch ein „Holzklasse-Passagier" wie ich relaxen. Und so komme ich zu einem kleinen Frühstück, einem gemütlichen Sessel und WLAN. Kann versuchen, meine Gedanken zu ordnen. Und Ihnen erzählen, warum ich hier bin. Und warum ich Sie so gerne auf diese Reise mitnehme.

Alles begann etwa 2007. Damals arbeitete ich als Hörfunkjournalist beim Südwestrundfunk in Stuttgart. Die Landespolitik Baden-Württemberg war mein Thema. Ich berichtete im Radio über Landtagsdebatten, Wahlkämpfe, Pressekonferenzen, Intrigen und Skandale. Ein-, zweimal pro Jahr begleitete ich Politiker verschiedener Parteien bei Auslandsreisen. Aus dem Kosovo, aus Japan, aus Tschechien und den Arabischen Emiraten hatte ich schon berichtet. Und jetzt war Indien dran.

Der damalige Chef der CDU-Landtagsfraktion und spätere Ministerpräsident Stefan Mappus war ein paar Tage in Indien unterwegs. Ich erlebte seine Reise als journalistischer Beobachter mit. Gespräche, Informationen, Firmenbesuche, Besichtigungen, Empfänge. Jeden Abend im Hotel bearbeitete ich meine Aufnahmen und bastelte in meinem improvisierten Tonstudio Beiträge für die verschiedenen Hörfunkprogramme des SWR.

Die Farbenpracht und die kulturelle Vielfalt Indiens begeisterten mich. Ich mochte das Essen mit den immer neuen raffinierten Gewürzmischungen. Fand die rasante Entwicklung von Politik und

Wirtschaft sehr spannend. Der extreme Kontrast zwischen superreichen und superarmen Menschen aber erschütterte mich.

Indien ist eigentlich kein Land, es ist ein Kontinent. 1,3 Milliarden Menschen leben hier. Hunderte verschiedener Völker und Stämme. Und die sprechen mehr als 100 verschiedene Sprachen und Dialekte. Indien ist ein Staat der Superlative. Die größte Demokratie der Welt. In Sachen IT und Biotech nah an der Weltspitze. Ein riesiger Wachstumsmarkt, mit dem die Welt immer mehr ins Geschäft kommen will.

Die Schattenseite: Viele Millionen Menschen in diesem Land erleben Ungerechtigkeit und Armut. Nirgendwo in der Welt prallen Zukunftsoptimismus und Hoffnungslosigkeit so hart aufeinander. Direkt neben dem schwindelerregend hohen Glaspalast des Luxushotels hausen Hunderte von bitterarmen Menschen in Verschlägen aus Blech und Pappe. Ein Anblick, den ich kaum ertragen kann.

Wenige Tage nach dieser Reise klingelt das Telefon. Fritz Schanz meldet sich, ein Reiseunternehmer, mit dem ich schon bei Israeltouren zusammengearbeitet habe und den ich sehr schätze – Sie werden Fritz und seine Frau Lydia in diesem Buch noch kennenlernen. Fritz kommt schnell zum Punkt:

„Christoph, ich habe einen deiner Beiträge im Radio gehört. Jetzt kennst du das ‚Fünf-Sterne-Hotel-Indien'. Wir möchten dir gerne das richtige Indien zeigen. Komm mit uns nach Visakhapatnam!"

Da ist er also zum ersten Mal, der kaum aussprechliche Name dieser Stadt! Heute weiß ich: Selbst viele Inder nutzen lieber die einfachere Abkürzung „Visak", sprich Wei-säck. Ich plaudere ein wenig mit Fritz. Erkundige mich nach der Sozialarbeit, die er als besonders engagiertes Mitglied eines deutschen Vereins dort in Indien unterstützt. Erfahre, dass Fritz einmal im Jahr mit einer Gruppe von Interessierten nach Indien reist und den Reisenden dort die

Projekte und vor allem die Menschen vorstellt. Eine solche Reise sollte ich auch unbedingt mal mitmachen, findet er. Doch weil ich schon jetzt soziale Projekte in Afghanistan, in Südafrika, im Kongo und in Argentinien unterstütze, will ich mir nicht auch noch Indien als zusätzliche „Aufgabe“ anlachen. So bekommt Fritz erst einmal einen Korb.

Zum Glück bleibt der knitze Schwabe dran (das Wort „knitz“ habe ich in meinen sechzehn Jahren unter Baden-Württembergern kennen- und schätzen gelernt. Eigentlich ist es unübersetzbar. Es bezeichnet einen, der clever ist, verschmitzt, durchsetzungsfähig, liebenswert, auch ein klein bisschen verrückt, wenn ich's richtig verstanden habe). Fritz jedenfalls ist knitz, definitiv. Liebevoll und hartnäckig wiederholt er seine Einladung noch mehrfach.

Und tatsächlich sitze ich zwei Jahre später mit ihm in einem Flugzeug, das uns nach Indien bringt.

Wie gut!

Was ich dort bei meiner ersten Reise erlebe, berührt mich tief. Ich besuche tapfere Mütter in Slumhütten. Feiere mit bitterarmen Menschen Abendmahl. Beobachte Taufen von Dutzenden von Gläubigen in einem ganz normalen See. Spreche mit Aids-Diakonen, die die Landbevölkerung aufklären. Treffe strahlende Mädchen in Kinderheimen, die von ihren Eltern einst ausgesetzt oder verkauft worden waren. Erlebe Hoffnung, Lebendigkeit, unbändige Freude in teilweise erschütternd einfachen Verhältnissen. Apostelgeschichte zum Anfassen – im einundzwanzigsten Jahrhundert.

Ich werde auf dieser Reise reich beschenkt durch die Begegnung mit engagierten Mitarbeiterinnen und Mitarbeitern der verschiedenen Gemeinden und Einrichtungen der Nethanja-Kirche. Und besonders auch durch ihren Bischof, Dr. Singh Komanapalli.

Dieser ersten Reise zu ihm und seiner Kirche folgt 2015 eine zweite. Und heute, am 23. September 2016, bin ich nun schon zum vierten Mal in Indien und zum dritten Mal unterwegs nach Visakhapatnam. Ich sitze hier in einem gemütlichen, breiten Sessel der „Air-India-Lounge", habe ein kühles Getränk auf einem Tischchen neben mir stehen und das MacBook auf den Knien liegen.

Ich tippe und tippe. Aus einem einzigen Grund: Ich möchte *Sie* abholen und mitnehmen. Möchte Ihnen erklären, wie ich „hineingerutscht" bin in diese einzigartige Erfahrung. Wie sie mich bewegt, inspiriert, bereichert und verändert hat.

Ich hoffe, dass ich Sie so angemessen einlade. Und Sie dazu bewegen kann, gleich mit mir zu reisen. Die Menschen zu treffen, deren Arbeit, deren Liebe, deren tiefer Glaube mich begeistern und mitreißen.

Denn ich bin verabredet mit einer Reihe von Menschen, die lebendiger Teil der Nethanja-Kirche sind: verantwortliche Männer und Frauen aus der Leitungsebene. Engagierte Mitarbeiterinnen und Mitarbeiter. Und „ganz normale" Menschen, die als „Säulen" dazugehören. Menschen mit beeindruckender, manchmal erschütternder Lebensgeschichte.

Ich will aktuelle Projekte vor Ort erleben. Und auch ein wenig auf die „Wurzeln" achten. Zahlen und Daten interessieren mich dabei eher am Rande. Die Menschen sind es, auf die ich gespannt bin.

Bisher kenne ich viele von ihnen nur vom Hörensagen oder von kurzen Begegnungen. Jetzt will ich mehr wissen, tiefer begreifen, was sie erlebt haben. Ich ahne schon jetzt: Ich werde manchmal meinen Ohren nicht trauen. Und am Ende dankbar staunen über diese Lebenserfahrungen. Über diese Persönlichkeiten, von denen Mut und Hoffnung ausgeht. Trotz allem, was sie erlebt haben.

Nein, Sie werden keine „ausgewogenen" Berichte von mir lesen. Ich bin in dieser Angelegenheit kein objektiver Berichterstatter. Ich schildere Ihnen leidenschaftlich subjektiv und mit brennendem Herzen, was ich hier erlebe.

Aber keine Sorge, ich schalte dabei mein geschult kritisches Journalistenhirn nicht aus.

Ich habe in den letzten Jahren viel mitbekommen von den verschiedenen Zweigen der Nethanja-Arbeit in Indien. Und genauso von dem engagierten Verein aus Deutschland, der diese Arbeit unterstützt und treu begleitet. Eine rosarote Brille hatte ich dabei nie auf. Ich kenne und schätze Führungskräfte und Mitarbeiter auf beiden Seiten. Ich kann mir einen gewissen Vergleich erlauben mit manch anderen Entwicklungsprojekten anderswo in der Welt. Ich lasse mich nicht von ein paar nett fotografierten Kinderaugen ablenken. Und ich kann Ihnen bei aller professionellen Skepsis versichern: Mich überzeugt diese Arbeit.

Das hängt mit einer ganzen Reihe von Faktoren zusammen. Der wichtigste ist für mich eben Bischof Dr. Singh Komanapalli, Bruder von Java Komanapalli. Eine beeindruckende Persönlichkeit. Ein Vater für Hunderte von Kinderheimkindern. Ein geistlicher Leiter, der nicht herrscht, sondern dient. Ein Mensch mit Stärken und Schwächen. Aber einer, der Jesus folgen und den Menschen helfen möchte, von ganzem Herzen.

In den letzten Jahren sind wir Freunde geworden, Singh und ich. Haben sehr offen miteinander gesprochen. Haben Höhepunkte und Tiefpunkte miteinander geteilt und besprochen. Natürlich sagen wir „Du“ zueinander. Deswegen werden Sie in diesem Buch selten seine Titel lesen, sondern nur seinen Vornamen – die Nachnamen spielen in Indien ohnehin keine große Rolle.

Und überhaupt werde ich versuchen, Sie sehr nahe mit meinen Gesprächspartnern in Verbindung zu bringen. Ich bin ziemlich sicher: Sie werden manche von ihnen mögen und ins Herz schließen! Zum Beispiel die beiden älteren Brüder Singhs, Jeevan und Pratap. Sehr engagierte Männer, die gemeinsam mit ihren Frauen selbstständige Arbeitszweige der Nethanja-Kirche in dem Dorf Kondala (Jeevan und Dr. Nalini, Emmanuel-Ministries) und in der Stadt Rajahmundry (Pratap und Sunitha, Shalom-Ministries) leiten und prägen.

Zurück zu Singh: Bei meiner letzten Reise nach Indien vor knapp zwei Jahren sind wir gerade mit ihm als „Reiseleiter" auf einer Landstraße unterwegs. Ganz hinten in dem kleinen Bus, der uns zur nächsten Station bringt, sitzen Petra Hahn-Lütjen – Projektleiterin und Lektorin beim Brunnen Verlag – und ich. Wir tauschen uns über die Erfahrungen des Tages aus.

Da überrascht mich Petra mit der Frage, die fast wie eine Feststellung klingt: *„Christoph, du solltest ein Buch über Singh und seine Kirche schreiben!"* Ich mache ihr spontan Mut, dieses spannende Buchprojekt tatsächlich anzugehen – aber dafür einen anderen Autoren zu suchen. Mir fallen ein paar recht überzeugend klingende Argumente ein, die gegen mich sprechen. Aber Petra bleibt ebenso beharrlich wie ein paar Jahre zuvor Fritz Schanz. So überzeugt sie mich einige Monate später, und ich sage zu.

Und bin von ganzem Herzen froh darüber.

Ich habe inzwischen schon viel über das Buch nachgedacht. Habe viel gelesen. Eine Reihe von Interviews in Deutschland geführt. Drei Tage lang war Singh dazu bei mir zu Gast.

Wir haben entschieden: Dieses Buch wird aufgebaut sein wie ein Mosaik. In jedem Kapitel schildere ich Ihnen eine Szene. Zu unterschiedlichen Zeiten. An unterschiedlichen Orten. Mit unterschiedlichen Beteiligten. Meist war ich dabei selbst anwesend. Einige Szenen habe ich mir sehr genau schildern lassen und erzähle sie so nach, wie ich sie von Augenzeugen gehört habe.

Jedes Kapitel ist ein farbenfroher Ausschnitt. Es könnte im Grunde für sich stehen. Aber wenn Sie das nächste Kapitel auch noch lesen, das übernächste und so weiter, dann könnten sich die einzelnen Bilder mehr und mehr zusammenfügen. Sie könnten – darauf hoffe ich sehr – einen guten Gesamteindruck bekommen. Sich selbst ein Bild machen. Und angesteckt werden von der Freude, dem Engagement, der Begeisterung und dem tiefen Gottvertrauen meiner Gesprächspartner hier in Indien. Und von der Hoffnung, die daraus wächst.

Und darum sitzt unsere kleine Projektcrew also hier in der Air-India-Lounge, und ich warte darauf, dass die hübsche junge Stewardess gleich noch mal hier vorbeikommt, ihren Charme versprüht und unseren Flug nach Visakhapatnam ankündigt.

O, da ist sie. Besser gesagt: ihre Kollegin. Ich habe schon so lange hier gesessen und geschrieben, dass ich den Schichtwechsel miterlebe.

Zeit wird's. Los geht's.

Auf nach Visakhapatnam!

3

„NAMASTE – DU BIST GESEHEN!“

Volksfeststimmung im Untergeschoss einer Kirche in Visakhapatnam. Draußen knallt die Sonne unbarmherzig heiß und unbarmherzig hell. Gefühlte fünfunddreißig Grad im Schatten. In der Sonne wohl noch mehr. Aber wer geht hier schon in die Sonne? Viel lieber verzieht man sich in den Schatten und freut sich über jedes kleine Lüftchen, das Kühlung bringt.

Der riesige Raum vor meinen Augen hat architektonisch den Charme einer Tiefgarage, die gelegentlich geflutet und als Hallenbad genutzt wird: Die Betonsäulen, auf denen das Kirchengebäude ruht, sind zwar sorgfältig gestrichen – der untere Teil blau, der obere weiß. Der schlichte, geflieste Boden aber wirkt mal eher grau, mal braun, mal fleckig.

In einem solchen Ambiente könnte in Deutschland vielleicht ein Tatort-Krimi spielen, in dem sich irgendwelche Gangster jagen. Hier in Indien aber dient der Kirchenkeller der Bischofskirche als behagliches Esszimmer. Quirlig, bunt, lebendig. Und irgendwie mitreißend fröhlich durch die Menschen, die sich hier versammelt haben.

Fünfhundert vielleicht, oder achthundert? Oder noch ein paar mehr? Ich staune. Durchzählen hat keinen Sinn, zu viele Säulen, Zwischenwände, Verwinkelungen verstellen mir den Blick. Zu viele

Kinder wirbeln mal hierhin, mal dort hinüber. Ich würde nie alle erfassen können, die sich hier zu einer Art „After-Show-Party“ nach ihrem Gottesdienst versammeln.

Achtung, es geht los!

Wie auf einen geheim erteilten Befehl hin suchen sich alle ein Plätzchen. An den Wänden hocken sich vor allem ältere und gebrechliche Menschen auf steinerne Bänke. Überall im Raum verteilt auf dem Boden nehmen Kinder, Jugendliche, Frauen, Männer jeden Alters auf dem Boden Platz. Im Schneidersitz. Ich muss schmunzeln: Als hätte jemand mit einer Schnur gerade Linien durch den Raum gezogen, so genau ausgerichtet sitzen die Hungrigen in langen Reihen neben- und hintereinander. Ein Erbe der früheren Kolonialmacht Großbritannien mit ihrem Hang zum Anstehen in einer Reihe?

Egal wie groß die Esserin oder wie klein der Esser auch sind – vor jeden wird jetzt eine erstaunlich große glänzende Platte aus Alufolie platziert. Deutlich größer als die Teller, die ich von zu Hause kenne.

Einige von den jungen Mitarbeitern, die diese Teller verteilen, entdecken mich, den interessierten Beobachter aus Europa, der hier eigentlich nicht hingehört. Freundlich lächeln sie mich an, ein bisschen schüchtern vielleicht, aber offen und fröhlich.

„Namaste“, rufen sie mir zu. Dabei legen sie die Innenseite ihrer Handflächen vor dem Herzen aufeinander und machen eine leichte Verbeugung vor mir.

„Namaste“, natürlich habe ich gelernt, dass ich genauso auf diesen Gruß zu antworten habe. Und so lege auch ich meine Hände zusammen und verbeuge mich höflich. Das sieht vermutlich nicht so graziös aus wie bei den indischen jungen Leuten. Ich meine, ein Schmunzeln in manchen ihrer Gesichter zu entdecken. Lachen sie über meinen ungelenken Versuch, die Landessitte nachzuahmen?

Oder freuen sie sich einfach nur darüber, dass ich ihre Kirche besuche und sie mich entdeckt haben?

Namaste heißt schließlich: *„Ich sehe dich"*. Und *„Ich ehre dich"*.

Ursprünglich verehrten Hindus mit dieser Geste ihre Gottheiten. Heute ist daraus ein gebräuchlicher Gruß geworden, mit dem ein Mensch dem anderen gegenüber zum Ausdruck bringt: Ich nehme dich wahr. Ich habe dich im Blick. Ich freue mich über deinen Anblick. Schön, dich zu sehen. Du bist willkommen.

Namaste. Mit Betonung auf der letzten Silbe. Also – Namasté!

Das genau sollen heute alle Gäste spüren. Die Mitarbeiter geben jedem zu verstehen: Wir sehen dich. Wir freuen uns über dich. Du bist wertvoll. Bei uns soll es dir gut gehen. Herzlich willkommen in unserer Kirche. Herzlich willkommen zum Mittagessen. Herzlich willkommen im Namen Gottes, des eigentlichen Gastgebers.

Eine Mitarbeiterin tritt auf mich zu, lächelt mich an und lädt mich ein, ihr zu folgen. Zunächst soll ich einen Blick auf ihre „Küche" werfen. Ein paar Meter neben dem Essraum raucht ein Feuer – unter freiem Himmel. Auf ein paar Steinen liegt ein überdimensional großer Kochtopf. Ein junger Koch rührt mit einem langen Werkzeug darin herum. Schweiß rinnt über seinen dicken Schnauzbart. Er winkt mir zu, schickt mir ein *„Namaste"* herüber. Dann rührt er weiter. Schließlich soll hier nichts anbrennen.

Drinnen, in einer Ecke, stellen seine Mitarbeiter einige weitere dieser Riesenbottiche bereit. Ich zähle drei Töpfe, allesamt jeweils mit dem Fassungsvermögen einer mitteleuropäischen Badewanne.

Und was gibt es heute wohl zu essen?, überlege ich. Dumme Frage, natürlich Reis. Wie jeden Tag in Indien, morgens, mittags, abends. Wenn die jeweilige Familie sich denn mehrere Mahlzeiten am Tag leisten kann. Reis, Reis, Reis.

Keine Ahnung, wie viele Kilogramm davon in den Töpfen bereitstehen. Aber ich schätze: Von dieser Menge könnte ein kleines

Dorf spielend satt werden. Reis ist das Grundnahrungsmittel hierzulande. Daran wird es heute nicht fehlen.

Neben den großen Reistöpfen steht ein kleineres Gefäß mit einer rötlich-braunen Soße bereit. Fettaugen schwimmen darauf herum. Es riecht verführerisch. Meine Geschmacksnerven reagieren prompt und sorgen dafür, dass mir das Wasser im Mund zusammenläuft. Dem ersten Eindruck nach zu urteilen, wartet hier eine Art Gulasch mit etwas Gemüse, etwas Fleisch und jeder Menge kräftiger Gewürze. „Eintopf indisch" also. Für empfindliche deutsche Geschmacksnerven vermutlich ein Feuertopf mit Nachbrenner. Inder mögen's einfach scharf, jedenfalls hier in Andhra Pradesh.

So, alles ist fertig vorbereitet, signalisiert die hilfsbereite Mitarbeiterin. Möge das Festmahl beginnen. Doch außer mir scheint es niemand eilig zu haben. Niemand drängelt, niemand quengelt. Selbst die Kinder sitzen brav auf dem Boden und warten. Erstaunlich, denn vor dieser Mahlzeit haben alle Beteiligten einen Stock höher schon ausgiebig Gottesdienst gefeiert. An die vier Stunden lang. Einschließlich Abendmahl. Und viele von den Gästen mussten morgens erst einmal einen langen Fußmarsch hinter sich bringen. Oder eine lange Strecke im Bus oder mit dem Motorradtaxi. Ein paar Motorroller stehen draußen vor der Kirche, eine Handvoll Autos. Der weitaus größte Teil der Gottesdienstgemeinde hat sich zu Fuß auf den Weg hierher gemacht.

Doch die Menschen wirken weder entnervt noch ungeduldig. Strahlend schauen sie zu, wie die Verteilung des Essens beginnt. Mitarbeiterinnen in farbenfrohen Saris trippeln mit anmutigen Schritten durch die Reihen. Mit großen Schöpfkellen teilen sie kräftig aus, klatschen eine ordentliche Portion Reis auf jede Aluunterlage. Anschließend dann gibt's einen deutlich kleineren Klecks Soße daneben. Fertig. Kann losgehen. Das Tischgebet gab's ja schon vorher im Gottesdienst.

Messer? Gabel? Löffel? Vollkommen unnötig, Gott hat uns doch bestens ausgerüstet! Fingerfertig formen die Esser jeweils aus ein bisschen Soße und viel Reis einen festen Klumpen und schieben sich den dann in den Mund. Lachend. Zufrieden. Glücklich.

Ich lasse meinen Blick über die fröhlichen Esser schweifen und entdecke ganz allmählich immer mehr spannende Details:

Die schwieligen Hände eines alten Mannes fallen mir auf. Ob der seinen Lebensunterhalt in einem Steinbruch verdient oder im Straßenbau? Dass er hart arbeitet, sieht man ihm jedenfalls an.

Ein paar Meter weiter eine schöne junge Frau im Sari. Sie trägt Gold an beiden Ohren, an der Nase, um die Handgelenke. Nein, das sei kein Zeichen von großem Reichtum, erfahre ich von Mitarbeitern, eher im Gegenteil. Das ist absolut alles, was sie und ihre Familie besitzen. Das Sparkonto sozusagen, der Notgroschen, die Versicherung für alle Fälle. Zum Beispiel für den Fall, dass ein Familienmitglied bezahlen müsste für einen Arzt. Oder für ein Medikament. Oder für den Fall, dass ein Sturm das einfache Haus zerlegt oder sonst eine Katastrophe das ärmliche Leben bedroht.

Männer in gut gebügelten hellen Hemden fallen mir auf. Ohne Schlips und Kragen zwar, aber ein bisschen so, wie ich mir kleine Geschäftsleute oder Verwaltungsbeamte in dieser Gegend der Welt vorstelle.

Ich sehe herausgeputzte Kinder in bunten Kleidchen, mit Schleifen und Spängchen im Haar.

Ich sehe ältere Damen mit verhärmten Gesichtern. Ganz in weiße, zerschlissene Saris gehüllt. Mit alten Tätowierungen in der faltigen Haut. Manche mit strohigen Haaren, andere gepflegt und mit ein wenig Schmuck im Haar.

Ich sehe Blinde. Körperbehinderte. Ausgezehrte. Verwirrte.

Was genau sind das für Menschen und wo genau kommen sie eigentlich her?, will ich von den Mitarbeitern wissen. Je mehr ich von ihnen erfahre, desto mehr staune ich über das Wunder dieser außergewöhnlichen Tischgemeinschaft:

Hier genießen Männer ihren Reis, die früher gestohlen, zugeschlagen, mit Drogen gehandelt haben – direkt neben hübschen schwarzhaarigen Mädchen aus einem der Kinderheime der Kirche.

Witwen, die in der oft menschenverachtenden hinduistischen Gesellschaft nichts gelten, genießen ihr Mittagsmahl neben weitgereisten Gästen der Gemeinde.

Frühere Leibeigene (tatsächlich, im schrecklichen Sinne des Wortes), die von den eigenen Eltern in die Prostitution verkauft wurden, essen neben der Familie eines Dorfpastors, die in der Provinzhauptstadt zu Gast ist.

Alleinerziehende junge Mütter – die Väter ihrer Kinder sind tot oder haben sich aus dem Staub gemacht – füttern ihre Kleinen und freuen sich darüber, dass die ordentlich zulangen dürfen.

Und neben ihnen sitzen würdige, ältere Herren, die gerade noch so eben das Essen selbst zum Mund führen können.

Der größte Teil der Gäste besteht aus bitterarmen Menschen aus den Elendsvierteln der Stadt. Für die meisten ist eine solch reichhaltige Mahlzeit in großer Runde eine seltene Köstlichkeit, höre ich.

Doch auch Gäste und Mitglieder der gastgebenden Kirchengemeinde sitzen zwischen ihnen. Die gemeinsame Mahlzeit im Untergeschoss der Kirche ist Ausdruck christlicher Gemeinschaft. Eine Art Fortsetzung des Abendmahls, das wir vorhin im Gottesdienst gefeiert haben.

Wer es sich leisten kann, hat selbst einen Sack Reis mitgebracht und gespendet. Etwas Gemüse, ein lebendiges Huhn oder eine Bananenstaude. Wer mit leeren Händen gekommen ist, darf sich ganz genauso herzlich willkommen fühlen.

All die fleißigen Mitarbeiterinnen und Mitarbeiter, die vorbereitet und gekocht haben, die verteilen, nachschöpfen, für jeden

Gast ein gutes Wort haben und am Ende des Festmahls alles wieder aufräumen werden, all die sind engagierte Christinnen und Christen. Manche machen zurzeit eine Ausbildung am Bible College der Nethanja-Kirche. Andere helfen ehrenamtlich in der Gemeinde mit. Alle sind voller Gastfreundschaft. Alle geprägt von spürbarer Nächstenliebe.

Ich erfahre: Wie es in Indien üblich ist, sorgt das Mitarbeiterteam jetzt zunächst ausschließlich für die Gäste. Erst wenn die alle satt sind, kommen auch die Mitarbeiter an die Reihe.

Aber so weit sind wir noch lange nicht: Die Gäste sitzen noch. Und essen. Und genießen. Und lachen. Und rollen ihren Reis zu mundgerechten Kugeln zusammen. Und schwatzen mit den Nachbarn. Und genießen den Tag.

Ich mittendrin. Groß, dick, bleich, schwitzend, staunend, ungläubig. Fast ein bisschen fassungslos angesichts der Szenen direkt vor meinen Augen.

Wie ist diese ungewöhnlich vielfältige Gemeinschaft möglich?

Was genau verbindet diese unterschiedlichen Menschen?

Was motiviert die Mitarbeiterinnen und Gastgeber?

Warum teilen die, die wenig haben, mit denen, die gar nichts haben?

Ich suche Antworten auf diese Fragen.

Will manche der Menschen kennenlernen, die hierherkommen, Gottesdienst feiern und zusammen essen. Und vor allem solche, die mich mit ihrer Gastfreundschaft verblüffen.

Ich möchte verstehen, was diese Kirche ausmacht und zusammenhält. Wo sie ihre Kraft hernimmt und wer sie unterstützt. Ich bin gespannt auf den Mann, der als Bischof diese Kirche leitet und prägt. Und ich will erfahren, wie seine Kirche so werden konnte, wie sie heute ist – und wie sie hoffentlich noch lange sein wird.

4

EIN SCHWERES JOCH

„Und nach dem Mittagessen spielen wir wieder Gottesdienst!“

Selbstbewusst und mit einem strahlenden Lächeln im Gesicht lädt der Dreikäsehoch seine Spielkameraden ein. Widerspruch duldet er nicht. Und es will auch keiner widersprechen, im Gegenteil. Seine fünf Altersgenossen können es kaum fassen, dass sie seit einiger Zeit zur Familie gehören dürfen. Und dass der jüngste Sohn des Hauses seitdem ganz selbstverständlich viel Zeit mit ihnen verbringt.

Das Familienleben bei Komanapallis 1962 in Narsapur ist noch deutlich lebendiger geworden, als es ohnehin schon war. Der alte Kuhstall im Garten ist umgebaut und gemütlich eingerichtet. Hier haben einige Jungs von der Straße eine neue Heimat gefunden. Vater Kripanandam Komanapalli hat sich entschlossen, sie aufzunehmen. Auf atemberaubend konsequente Weise lebt er Gastfreundschaft und Nächstenliebe.

Zehn Prozent des Geldes, das er als Geschäftsmann verdient, soll künftig den Armen in seiner Umgebung zukommen. Und so hat er diese Jungs eingeladen. Liebevoll versorgt er sie. Gemeinsam mit seinen eigenen Kindern können sie essen, spielen, lernen – ein Leben führen, das hier in Indien für Millionen von Kindern gar kein bisschen normal ist.

Sein jüngster Sohn Singh freut sich riesig darüber, plötzlich so viele zusätzliche Spielkameraden zu haben. Volleyball, Kricket, Federball – gemeinsam mit seinen Brüdern und den neuen Familienmitgliedern ist Singh ständig in Bewegung. Er lässt sich anstecken von der großen Freude seiner neuen Spielkameraden. Er spürt, dass er ihnen viel zu geben hat. Immer mehr wird er zu einem „Mitarbeiter“ seines Vaters: Saust mit dem Fahrrad los, wenn Seife oder Waschmittel für alle Jungs eingekauft werden muss. Hilft mit, wenn sich die Neuen an die Regeln gewöhnen sollen, die im Haus gelten. Tobt mit ihnen und empfindet erstaunlicherweise kein bisschen Eifersucht.

Sein Lieblingsspiel aber zelebriert er regelmäßig am Sonntagnachmittag: Gottesdienst feiern.

Singh versammelt dazu seine kleine „Gemeinde“ im Garten. Spricht feierlich eine selbst gestrickte Liturgie. Singt Lieder und hält schließlich eine Predigt. Eine geschlagene Stunde lang plappert er drauflos und freut sich, dass er Zuhörer findet. *„Glaube an Jesus, komm zu ihm!“*, ruft er seinen Altersgenossen zu. An manchen Sonntagen reicht er ihnen eine Art Abendmahl in Form von selbst gepresstem Zitronensaft und ein paar Stückchen Brot.

Und manchmal tauft er sogar eins seiner Schäfchen im hinter dem Haus vorbeifließenden Kanal. Dabei gibt's nicht nur ein paar Tröpfchen Wasser auf die Stirn. „Täufling“ und „Täufer“ steigen ins Wasser, der „Täufling“ wird komplett untergetaucht. Wenn Singh für diese Zeremonie zu lange braucht und der Täufling sich daraufhin einen Schnupfen holt, dann schimpft die Mutter schon mal mit ihm. Ansonsten lässt sie ihren Sohn gewähren. Vielleicht ahnt sie, dass ihr Jüngster tatsächlich einmal das werden wird, was er heute – im zarten Alter von acht Jahren – schon mit Hingabe übt: Pfarrer.

Doch bevor er sein Theologiestudium beginnen kann, muss Singh erst einmal zwei harte Jahre als Banklehrling hinter sich bringen. Er kämpft lange mit sich, dann bricht er die Ausbildung ab. *„Ich habe einfach keine Ruhe gefunden in diesem Beruf"*, erklärt er später.

Nach diesem Schritt nimmt er eine ganze Reihe wichtiger Weichenstellungen vor:

Er lässt sich taufen. Als Neunzehnjähriger will er sein Leben ganz und gar Gott zur Verfügung stellen. Einen ganz konkreten Tag und sogar eine ganz konkrete Uhrzeit kann er für diese Lebensentscheidung nennen.

Er entdeckt einen Bibelvers, der ihm von nun an als Wegweiser und Motto fürs Leben dienen wird: *„Es ist ein köstlich Ding, dass ein Mann sein Joch in seiner Jugend trage"* (Klagelieder 3,27). Oder etwas zeitgemäßer übersetzt: *„Es ist gut für einen Menschen, wenn er schon früh lernt, Schweres zu tragen"* (HfA).

Und er beginnt wenige Monate später mit dem Studium an einer Bibelschule in Madras (heute Chennai), sechshundert Kilometer weg von seiner Heimat. Hier beschäftigt er sich mit der Bibel und darf viel darüber lernen.

Das Landei aus Narsapur findet sich in der Millionenmetropole Madras erst nur schwer zurecht. Tamil, die Sprache der Einwohner von Madras, versteht er nicht. Sein Englisch ist so schlecht, dass der Leiter der Bibelschule ihn deshalb schon nach kurzer Zeit zurück nach Hause schicken will.

Doch Singh rafft seinen ganzen Mut zusammen und widerspricht dem ehrwürdigen Mann: *„Gott hat mich hierher an die Bibelschule geschickt"*, holt er mit zitternder Stimme aus. *„Bitte geben Sie mir drei Monate Zeit, bis dahin wird sich mein Englisch verbessert haben!"*

Der verblüffte Bibelschulleiter stimmt zu. Und Singh beginnt zu üben, zu üben und noch mal zu üben. Nachts predigt er auf der Terrasse der Bibelschule einer nicht vorhandenen Zuhörerschaft – in Englisch. Ein Freund hört zu, korrigiert und unterstützt ihn. Drei Monate später ist tatsächlich die Hürde geschafft: Eine halbe

Stunde lang kann Singh inzwischen auf Englisch predigen. So flüssig und so überzeugend, dass er eine zweite Chance auf der Bibelschule bekommt.

Zusammen mit seinen Mitstudenten besucht er als „Praxisübung“ die Pilger am (für Hindus heiligen) Fluss Godávari. Hunderte von Kilometer waren viele von ihnen unterwegs, um hierher zu gelangen. Hier wollen sie jetzt ihre Seele im Fluss reinwaschen. Wollen so frei werden von ihren Sünden.

Singh versucht ihnen mit geistlichen Flugblättern und im Gespräch klarzumachen: *„Ihr müsst nicht lange beschwerliche Wege auf euch nehmen, um rein und von eurer Schuld erleichtert zu werden. Jesus sagt euch: Kommt zu mir, alle, die ihr mühselig und beladen seid!“* (Matthäus 11,28).

Seine Botschaft ist einfach. Sein Vertrauen auf Gott ist grenzenlos. Sein Mut wächst mit der Erfahrung. Und tatsächlich kann er manche Menschen auf der Straße mitreißen, ja überzeugen. Später trifft er sie wieder, wenn sie zur Kirche der Bibelschule kommen und beginnen wollen, ein Leben als Christ einzuüben.

In seinen Predigten spricht Singh gerne über Zachäus. Lebendig und anschaulich schildert er den Zöllner und seinen Lebenswandel: Zachäus ist ein erfolgreicher Mann. Aus guter Familie. Mit viel Geld. Aber er hat auch Schattenseiten: Er ist bestechlich. Gierig. Hat einen anrüchigen Beruf. Und schlechte Freunde. Der junge Straßenprediger spricht über diesen Zöllner, dem Jesus begegnet, gerade so, als sei der ein moderner Zeitgenosse. Und kommt dann zu seiner Botschaft: Das Geld habe Zachäus nicht glücklich gemacht, er sei auf der Suche nach wirklichem Frieden gewesen. Nur bei Jesus habe er finden können, was er suchte. Und was bei Zachäus gelte …

Engagiert, lebendig und überzeugend predigt Singh bis heute. Aus dem Jungen, der spielerisch seine Spielkameraden taufte, ist der Bischof einer lebendigen Kirche geworden. Er predigt in seiner Bischofskirche oft vor tausend Menschen. Aber genauso gerne vor ein paar Dutzend Zuhörern unter einem schattigen Baum im Dschungel. Im landesweiten Fernsehprogramm spricht er regelmäßig vor bis zu einer Million Zuschauern. Ein paar Mal im Jahr predigt er bei großen Evangelisationsveranstaltungen vor bis zu zwanzigtausend Menschen in Sportstadien.

Am liebsten aber sind ihm überschaubare Hausgottesdienste in irgendwelchen Wohnzimmern oder auf Terrassen. Dort wo Menschen zu Hause sind, spricht er zu ihnen und all den Nachbarn, die neugierig mithören. Predigt mit Leidenschaft und Humor über das, was ihn besonders bewegt.

Egal über welches Thema er sprechen wird und welchen Bibeltext er auslegen will: Immer beginnt er seine Predigt mit den gleichen Worten: *„Im Namen Jesu von Nazareth"*.

Warum dieses Ritual, will ich wissen. Singh schmunzelt, dann wird er ganz ernst. Ich spüre, diese Angewohnheit hat eine tiefe Bedeutung für ihn: *„Für mich ist dieser Einstieg ein Schlüssel zu meinen Zuhörern. Sie sollen hören: Ich stehe hier nicht als Singh Komapalli. Ich stehe hier als Bote meines Auftraggebers. Nur in seinem Auftrag spreche ich. Ich ziehe mir den Namen Jesu dazu an wie einen Talar. Das mache ich mir selbst bewusst, das sollen die Zuhörer wissen."*

Und noch eine feste Gewohnheit steht am Beginn jeder Predigt. Singh betet mit kräftiger Stimme um vier Dinge: *„Herr, lege dein Wort in meinen Mund. Lass bitte die Menschen deine Stimme hören. Lass sie dich sehen. Schenke es, dass dein Name gelobt wird."*

Allein in der Passionszeit, in den vierzig Tagen vor Ostern, spricht Singh Abend für Abend an wechselnden Plätzen zu den

Menschen. Oft eben in Hausgottesdiensten, sehr persönlich und sehr nahe dran an seinen Zuhörern. Ganz bewusst kleidet er sich dabei würdevoll. Aus Respekt vor den Menschen, die er besucht. Ein feiner Anzug. Ein schneeweißes, frisch gestärktes Hemd. Blank geputzte Schuhe – gerade dann, wenn es in ein Elendsviertel geht oder in ein einfaches Dorf im Dschungel, achtet er besonders auf solche Zeichen von Höflichkeit und Respekt. Er will den Menschen sagen, wie wertvoll sie für ihn sind. Und wie wertvoll für Gott.

Nicht nur mit seinem Outfit will er das zeigen. Sondern vor allem auch mit den Inhalten. Keine Predigt, in der er nicht die sozialen Probleme Indiens und der Welt anspricht. Die Ungerechtigkeit. Die Schere zwischen Arm und Reich. Die Abtreibung „unerwünschter" Mädchen. Den Zwang zur überhöhten „Mitgift", der viele Familien in den Ruin treibt.

Er nennt die brennenden Probleme der indischen Gesellschaft und die aktuellen Ereignisse in der Welt beim Namen. Die Terrorattentate in Paris, Nizza und Berlin genauso wie eine Naturkatastrophe.

Das geistige Erbe seines Vaters hat ihn tief geprägt. Das Leiden an Ungerechtigkeit und Abhängigkeit hatte den Vater in die Politik getrieben. Auch Singh leidet unter den Verhältnissen. Er leidet mit den betroffenen Menschen mit. Deswegen spricht er in seinen Predigten Klartext. Zeigt seinen Zuhörerinnen und Zuhörern damit: Ich sehe euch und eure Schwierigkeiten. Ich kann euch sehr gut verstehen.

Ein ganz persönliches Anliegen ist ihm dabei das Zusammenleben von Familien. Es schmerzt ihn, dass immer weniger Familien in Indien aus Vater, Mutter, Kind bestehen. Dass sich so viele Männer aus der Verantwortung stehlen. Dass sie ihren Frauen und ihren Kindern nicht das geben, was sie ihnen nach dem biblischen Bild von Familie geben sollten.

„Wenn ich über das Thema ‚Familie' predige, empfinde ich oft einen besonderen Schmerz", sagt Bischof Singh und schweigt.

Dann setzt er neu an und berichtet: *„Eine Frau sprach mich an und fragte: ‚Sie reden so oft über die Familie, Herr Bischof, warum zeigen Sie uns nie Ihre Frau und Ihre Kinder?'"*

Was sollte er als geschiedener Mann darauf antworten?

„Wenn ich über die Familie spreche, bin ich ein leidender Prophet", sagt der Bischof leise. Zu wenig Zeit habe er mit seinen Kindern verbracht. Falsche Prioritäten gesetzt. Zu viele Fehler gemacht. Doch gerade deshalb bleibe er beharrlich und mache seinen Zuhörerinnen und Zuhörern Mut, nicht die Fehler zu wiederholen, die er gemacht hat. *„Es kommt sogar vor, dass ich beim Predigen zu weinen beginne, wenn ich auf solche Themen zu sprechen komme"*, sagt er zögernd. *„Aber ich kann eben nur mit ganzem Herzen predigen. Ich kann mich nicht verstellen. Ich kann nur ehrlich sein."*

„Meine Kraft ist in den Schwachen mächtig" (2. Korinther 12,9), diese Erfahrung des Apostels Paulus macht auch Bischof Singh. Gerade bei seinen Predigten, die immer auch etwas von eigenen Schwächen und Zweifeln durchklingen lassen.

„Ich bin kein Held", fügt er ergänzend hinzu. Neulich im Bundesstaat Orissa, da habe er einen echten Helden getroffen. Ein Mann sei da mit ihm zusammengesessen, der habe sehr intensiv gebetet. Gebetet für den fanatischen Hindu, der seine Tochter erst vergewaltigt und dann getötet hatte. Nur aus einem Grund: weil sie Christin war.

„Dieser Mann, der für den Mörder seiner Tochter betet und ihm trotz des eigenen unermesslichen Schmerzes vergibt, der ist für mich ein Held. Daneben kann ich mit meinen vielen Worten als Prediger nicht bestehen", sagt der Bischof nachdenklich.

Vielleicht ist es gerade diese verletzliche Ehrlichkeit, diese spürbare Zerbrechlichkeit, die seine Kraft als Prediger ausmacht. Ja, Singh wirkt beim Predigen stark, selbstbewusst, unerschütterlich. Und ist doch auch erkennbar ein ganz normaler Mensch. Einer, der Brüche erlebt hat, Fehler macht, Schuld empfindet und an sich selbst leidet.

Einer, der schon als junger Mann ein schweres Joch auf sich genommen hat. Und der bereit ist, diese Verantwortung auch weiterhin zu tragen. Allen Zweifeln, Anfeindungen und Angriffen zum Trotz.

5

RIESENAUFGABE NACH RIESENFLOP

Was für ein gewaltiger Fehlschlag! Was für ein unsinniger Aufwand an Zeit, Kraft und Geld! Und was für eine lang andauernde, nachhaltige, wunderbare Geschichte, die mit diesem gewaltigen Flop ihren Anfang nimmt! Eine Geschichte, wie sie typisch ist für die Nethanja-Kirche. Und dafür, wie Gott wirken kann.

Wir schreiben das Jahr 1975. Die Zeit, in der Heerscharen von Hippies und Aussteigern auf dem Weg sind. Unterwegs von Deutschland aus bis ins ferne Afghanistan. Sogar bis nach Indien. Auf der Suche nach Gurus, Bewusstseinserweiterung, Drogen, Meditationsübungen, alternativen Lebensweisen, Sinn. Die konkreten Ziele der Reisenden sind unterschiedlich. Die Richtung ist eindeutig: Osten.

Auch Heiko Krimmer, damals Anfang dreißig, und sein Freund Reinhold Rückle, Mitte zwanzig, machen sich auf den Weg. Beide sind evangelische Theologen. Beide gerade fertig mit der Uni. Heiko hat fertig promoviert, ist jetzt Dr. Heiko Krimmer. Reinhold hat das Studium erfolgreich mit dem ersten Kirchlichen Examen abgeschlossen. Jetzt ist Zeit, sich einen Traum zu erfüllen, den Reinhold seit Jahren träumt: einmal mit dem Auto nach Indien. Als Dreikäsehoch schon hatte er ein Buch gelesen von einem, der von Deutschland aus bis Burma geradelt war. Seitdem brennt in ihm der Wunsch, etwas Ähnliches zu schaffen.

Die beiden jungen Männer kennen sich schon seit Kindertagen. Beide sind in Ruit aufgewachsen, einem gemütlichen Straßendorf nahe Stuttgart. Beide sind, seit sie denken können, beim örtlichen CVJM aktiv. Beide sind engagierte junge Christen. Und weil sie mehr über die Grundlagen ihres Glaubens erfahren und auch anderen davon erzählen möchten, haben sie beide Theologie studiert.

Kurz vor dem Einstieg in den Pfarrerberuf bekommt Heiko ein Angebot, dem er nicht widerstehen kann. Karl Ramsayer spricht ihn an. Ramsayer, inzwischen Pfarrer und 1. Vorsitzender eines kleinen Vereins mit ziemlich sperrigem Namen: „Kinderheim Nethanja Narsapur e. V." Dieser Verein hat sich gebildet, um von Deutschland aus das zu unterstützen, was im indischen Bundesstaat Andhra Pradesh begonnen hat: eine lebendige Sozial- und Gemeindearbeit, angeregt und geleitet durch Familie Komanapalli.

Bald soll dort in Indien ein kleines Krankenhaus entstehen, berichtet Karl Ramsayer. Man habe hier in Deutschland schon ein Fahrzeug gekauft, das in Indien zum Krankenwagen umgebaut werden könnte. Und jetzt suche man noch einen wagemutigen Fahrer, der das Vehikel nach Indien bringt. Nach Narsapur, wo Vater Komanapalli ein Kinderheim betreibt. Von Stuttgart aus schlappe siebentausendfünfhundert Kilometer Luftlinie.

Der Einsatz für die gute Sache, die Abenteuerlust und die Erfüllung eines Kindheitstraums – die beiden jungen Theologen haben viele gute Gründe, sich auf den Weg zu machen. Mit einem robusten Mercedes-Kleinbus durchqueren sie Südosteuropa, die Türkei, den Iran. Sie kommen durch Afghanistan. Machen noch (mit dem Flieger) einen Zwischenstopp in Nepal. Alles klappt wie am Schnürchen. Die Straßen sind frei. Der Bus hält gut durch. Und bringt sie dem Ziel beharrlich näher.

„Wir lernten: Es gibt überall Straßen, die weitergehen!", lacht Reinhold Rückle heute, mehr als vier Jahrzehnte nach dieser Reise.

Im August 1975 sind die Weltenbummler nach sechs langen Wochen endlich am Ziel. In Narsapur. Als sie ihren weitgereisten Bus vor dem Haus der Familie Komanapalli parken wollen, fahren sie sich im tiefen Matsch fest. Die Nachricht spricht sich blitzschnell in der Nachbarschaft herum. Die ganze Straße läuft zusammen. Zwei Weltenbummler, die von Deutschland aus bis hierher gefahren sind? Das muss man einfach mit eigenen Augen sehen! Unzählige Hände zerren und schieben den Bus aus dem Matsch wieder frei. Welcome to India!

Doch ganz am Ziel sind die zwei Abenteurer noch nicht. Gemeinsam mit Vater Kripanandam Komanapalli versuchen sie alle Formalitäten abzuwickeln. In der Großstadt Hyderabad, der Hauptstadt des Bundesstaates Andhra Pradesh, wollen sie die Papiere für den importierten Wagen klar machen. Dort treffen sie zum ersten Mal auch den jüngsten der Komanapalli-Brüder: Singh, gerade zwanzig Jahre alt, Bibelschulstudent. Reinhold erinnert sich nur verschwommen an diese erste Begegnung mit Singh. Besonders beeindruckend fand er den jungen Inder damals noch nicht. Sehr zurückhaltend sei der gewesen, erinnert sich Reinhold. Ganz im Schatten des Vaters.

Viel stärker „beeindruckt" ist Reinhold auch Jahrzehnte später von dem, was danach in den zuständigen Büros in Hyderabad passiert. Und anschließend bei einer Ochsentour durch etliche weitere Büros in anderen Behörden: Nur mit Mühe bekommen sie alle notwendigen Teilgenehmigungen und Stempel zusammen. Nach vielen mühsamen Behördengängen landen sie zum Schluss reichlich genervt im Büro des Wirtschaftsministeriums – im mehr als tausendfünfhundert Kilometer entfernten Neu-Delhi.

„Ja, ich kann Ihnen die Einfuhrgenehmigung gerne erteilen", gibt ein Beamter fröhlich Auskunft. *„Aber dann fällt natürlich Zoll an. Die zweieinhalbfache Summe des Neupreises."*

Spätestens jetzt wird für Heiko und Reinhold klar: Ihre Reise war vollkommen umsonst. Nutzlos. Sinnlos. Wertlos. Jedenfalls was die geplante Überführung des Wagens betrifft.

Sie reisen zurück, auf derselben Route, jetzt immer Richtung Westen. Fahren Tag und Nacht. Kommen nach nur zehn Tagen zu Hause an. Verkaufen dort den weit gereisten Kleinbus. Schicken das Geld nach Indien. Und weil das gleiche Fahrzeug in Indien in Lizenz produziert wird, können die indischen Freunde mit dem Geld aus Deutschland sogar exakt den gleichen Fahrzeugtyp einkaufen. Mercedes made in India.

„Unsere ganze gut gemeinte Aktion war ein einziger Witz." Heute, mit viel Abstand, kann Reinhold darüber schallend lachen. Und doch setzt diese Reise unglaublich viel in Bewegung. Denn Heiko Krimmer und Reinhold Rückle sind seit dieser Reise Feuer und Flamme für Indien.

Sie halten Kontakt zu Karl Ramsayer und seinem rührigen Verein. In ihrem Beruf – Heiko arbeitet nach der Rückkehr als Pfarrer in Holzgerlingen bei Böblingen, Reinhold ist Vikar im wenige Kilometer entfernt gelegenen Altdorf – erzählen sie begeistert von ihren Erfahrungen. Vom Elend in Indien. Und von dem gut geführten Kinderheim, das sie in Narsapur kennengelernt haben.

Eines Tages hören die beiden Freunde, dass sich Besuch aus der Ferne ankündigt: Singh, jüngster Sohn der Komanapalli-Familie, soll Deutsch lernen. Und nach seiner indischen Bibelschulausbildung etwas Universitätstheologie in Deutschland kennenlernen. Die beiden Freunde bereiten seinen Aufenthalt in Deutschland vor. Stellen den Kontakt zum Albrecht-Bengel-Haus in Tübingen her, das Theologiestudenten begleitet. Sorgen für ein Quartier. Singh kann in Reinholds direkter Nachbarschaft bei einer gastfreundlichen Familie in Altdorf einziehen.

Bald werden der Mann aus Indien und die beiden Schwaben zu besten Freunden. Heiko als Ältester im Dreierbund wird für Singh zum geistlichen Begleiter, durch Höhen und Tiefen hindurch. Auch als Singh wieder zurückgeht nach Indien. Und als er dort als Pastor und Missionar zu arbeiten beginnt.

So ist es nur folgerichtig, dass Heiko Krimmer und Reinhold Rückle Anfang der 1980er-Jahre Verantwortung im Unterstützungs-Verein übernehmen. Karl Ramsayer, Pionier und langjähriger Vorsitzender des deutschen Vereins, beruft die beiden in den Vorstand. Heiko Krimmer wird als Nachfolger Ramsayers erster Vorsitzender. Und bleibt es bis zu seinem Tod im Jahr 2015. Dreiunddreißig Jahre lang. Reinhold arbeitet erst im Vorstand mit. Übernimmt dann die Geschäftsführung. Erst ehrenamtlich neben seinem Pfarramt, später immer intensiver und mit einer Halbtagsstelle. Ein Überzeugungstäter, engagiert von ganzem Herzen. Mit einem tiefen Anliegen. Und mit einer Riesenaufgabe.

Die Nethanja-Kirche und ihre Sozialeinrichtungen wachsen enorm. 1985, als Heiko und Reinhold neu in den Vorstand kommen, bestehen Nethanja-Einrichtungen bereits in vier Regionen:

- In Narsapur das Kinderheim und eine bescheidene Werkstatt, die Ausbildung anbietet, geleitet von Paul Komanapalli.
- In Rajahmundry das Kinderheim, das Pratap Komanapalli aufbaut.
- In Kondala gibt es Anfänge eines einfachen Krankenhauses und eines Kinderheimes unter der Leitung von Jeevan Komanapalli.
- Und schließlich im Siler-Dschungel, dort leitet der jüngste Sohn der Familie Kinderheime und eine kleine Bibelschule. Singh.

„Als Heiko und ich 1975 in Indien waren, gab es eigentlich nur ein einziges Projekt, das Kinderheim in Narsapur“, erinnert sich Reinhold.

„In den zehn Jahren danach hat sich die Arbeit geradezu explosionsartig erweitert. Vater Kripanandam Komanapalli war ein weitblickender, strategisch denkender Mann. Er hat vier seiner Söhne in diese Arbeit geholt und mit ihnen sehr viel Gutes bewegt!"

Diese Familienstruktur funktioniert in Indien sehr gut. So werden in Indien sogar Konzerne geführt. So funktioniert auch die Kongresspartei, deren Spitzenleute jahrzehntelang aus der Familie Nehru-Gandhi stammten. In Deutschland aber löst diese Familienstruktur des Hilfswerks Skepsis aus. Heiko Krimmer und Reinhold Rückle müssen sich von Fachleuten kritische Fragen dazu gefallen lassen. Und auch ihnen selbst ist dieser an der Familie orientierte Aufbau oft fremd.

„In einer Phase bekam ich mal wirklich heftige Zweifel. Ich fragte mich, ob das wirklich richtig ist, was wir da unterstützen. Doch die gute Arbeit überzeugte mich letztlich. Und besonders motiviert haben mich Begegnungen mit einzelnen Menschen, die in Indien durch unsere Arbeit Lebensveränderung erlebten."

Reinhold Rückle nimmt kein Blatt vor den Mund. Und er denkt auch schon weiter: *„Für die Zukunft wünsche ich den Freunden in Indien, dass sie in der nächsten Phase ihrer Arbeit auch lernen, Menschen in Leitungsverantwortung zu berufen, die nicht zur Familie gehören."*

Unterm Strich fällt Reinhold Rückles persönliche Bilanz ausgesprochen positiv aus. Er berichtet mir begeistert von zwei Szenen, die ihn im Laufe der Jahrzehnte besonders tief bewegten:

Ein paar Monate nach der massiven Verfolgung von Christen im Nachbarstaat Orissa 2008 steht er gemeinsam mit seinen Freunden Heiko und Singh vor den Trümmern einer christlichen Kirche. Hindu-Fanatiker haben sie zerstört. Mehrere Christen haben dabei ihr Leben verloren.

„Wir standen da und sprachen mit Menschen, die diesen Schrecken

erlebt hatten. Es war erschütternd. Aber ich war so froh, dass wir ihnen über die Einrichtungen der Nethanja-Kirche wenigstens etwas Schutz und Unterstützung anbieten konnten", erinnert sich Reinhold. In dieser dramatischen Lage konnten die Mitarbeiterinnen und Mitarbeiter der Nethanja-Kirche das tun, was ihnen am meisten am Herzen liegt: praktisch helfen, zum Beispiel mit Nahrungsmitteln und Decken. Und als Seelsorger helfen, zuhören, die Not und die Notleidenden sehen und für sie da sein.

Besonders motiviert haben Reinhold Rückle auch die vielen Kinder, die durch diverse Kinderheime, durch Schulen und Sozialarbeit Hilfe erfuhren und erfahren.

„Zum Beispiel das Mädchen Gangatali. In Kondala kümmert sich unser Partner, das Diakoniewerk ‚Friedenshort', mit viel Liebe und Fachkenntnis um behinderte Kinder. Wir haben dazu weder die finanziellen noch die fachlichen Mittel. In diese Einrichtung kam Gangatali, ein geistig behindertes Mädchen aus einem Dorf in der Nähe. Ihre Eltern hatten sie jahrelang zu Hause eingesperrt, um diese ‚Schande' und ‚Strafe der Götter' vor den Nachbarn zu verbergen. In Kondala wurde das verängstigte Kind gefördert, es bekam Selbstvertrauen und Mut. Als ich ein paar Jahre später in einem Dorf in der Gegend unterwegs war, sah ich sie zufällig an einem Brunnen stehen. Ganz selbstverständlich trug Gangatali einen Krug Wasser auf dem Kopf nach Hause. Als ihr Vater mich sah, begrüßte er mich und stellte mir stolz seine Tochter vor. STOLZ!

Der Mann hat seine Tochter früher vor den Augen der Öffentlichkeit versteckt, jetzt steht er zu ihr. Und sie kann all das tun, was all die anderen jungen Frauen in ihrem Dorf auch machen. Ist das nicht herrlich?"

Mitte 2016 gibt Reinhold Rückle den Staffelstab weiter. Ein halbes Jahr vorher ist sein langjähriger Freund Heiko Krimmer gestorben. Ein guter neuer Vorsitzender ist mit Ekkehard Graf gefunden. Einer, der die Arbeit lange kennt und bereits mitgeprägt hat. Neuer Geschäftsführer als Nachfolger Reinhold Rückles wird Markus Schanz, der ebenfalls schon mehrfach in Indien war. Und der Singh seit Jahrzehnten gut kennt. Zwei Pfarrer, die die Ämter von zwei Pfarrern übernehmen.

Reinhold Rückle ist sehr froh über diese Lösung. Nach insgesamt mehr als dreißig Arbeitsbesuchen in Indien kennt er die verschiedenen Zweige der Organisation wie seine Westentasche. Nicht nur die schönen Seiten, die Erfolge und Vorzeigeprojekte. Sondern auch die Punkte, wo es im Getriebe knirscht oder wo Rückschläge zu verzeichnen sind. Das Gute aber überwiegt für ihn bei Weitem. Mit sehr geringem Verwaltungsaufwand und gewaltigem persönlichen Einsatz in Indien wie in Deutschland ist durch die Spenden aus Deutschland in Indien ein Hilfswerk entstanden, das viele, viele Menschen erreicht – *„Wir können zum Beispiel für mehr als siebenhundert Kinder jedes Jahr die Tür zur Zukunft aufhalten"*, sagt Reinhold in schwäbischer Bescheidenheit.

Heute arbeiten etwa dreihundertfünfzig Lehrer, Ärzte, Sozialarbeiter, Krankenschwestern usw. ganz oder teilweise in Einrichtungen der Nethanja-Kirche.

Rund tausendzweihundert Pastoren, Bibelfrauen, Evangelisten sind in den Gemeinden tätig. Unzählige Ehrenamtliche. Und die Nethanja-Kirche wächst und wächst.

Gibt es ein Leitmotiv, das Reinhold Rückle in seiner Arbeit geprägt hat?

„Ja", antwortet er mir: *„Wir machen das, was Gott uns durch den Propheten Jesaja aufträgt, und wir vertrauen auf die Zusagen Gottes, die damit verknüpft sind":*

„Gebt den Hungrigen zu essen, nehmt Obdachlose bei euch auf, und

wenn ihr einem begegnet, der in Lumpen herumläuft, gebt ihm Kleider! Helft, wo ihr könnt, und verschließt eure Augen nicht vor den Nöten eurer Mitmenschen! Dann wird mein Licht eure Dunkelheit vertreiben wie die Morgensonne, und in kurzer Zeit sind eure Wunden geheilt. Eure barmherzigen Taten gehen vor euch her, meine Macht und Herrlichkeit beschließt euren Zug" (Jesaja 58,7; HfA).

Als wir im Oktober 2016 über diesen Vers aus der Bibel sprechen, sagt Reinhold mir dazu:

„Ich habe in letzter Zeit sehr viel über diesen Vers nachgedacht und gepredigt. Vor allem den zweiten Teil habe ich für mich ganz neu entdeckt. Ich verstehe das so: Wenn wir einfach tun, was unsere Aufgabe ist – also Hungrigen zu essen geben, heimatlosen Kindern ein Zuhause bieten, Kranke, Behinderte, Witwen unterstützen, dann geschieht etwas sehr Heilsames. Für die Menschen, für die wir das tun. Und auch für uns selbst."

6

GEMEINSAM LEIDEN

Wo kommt nur dieser abgrundtiefe Hass her?

Warum wenden sich Nachbarn quasi über Nacht mit roher Gewalt gegen die, mit denen sie jahrzehntelang friedlich zusammenlebten?

Warum verwandeln sich Menschen in Bestien, malen ihre Gesichter schwarz an, hängen sich Amulette um und greifen zu allem, was als Waffe dienen kann?

Mit Macheten, Pistolen, Hacken und Knüppeln sind sie unterwegs, Hunderte, Tausende. Was wie eine spontane Zusammenrottung aussehen soll, folgt einem offensichtlich gut ausgeklügelten Plan.

Warum nur?

Ich versuche die Fakten zu sammeln. Und notiere zunächst:

Motiv: Rache und Hass.

Auslöser: ein Mord.

Ein Mord am 17. August 2008 an einem im Bundesstaat Orissa bekannten und beliebten Hindu-Priester. Später wird sich herausstellen, dass Naxaliten-Terroristen diesen Mann auf dem Gewissen haben, eine Gruppe von selbst ernannten Freiheitskämpfern. Doch in den Tagen direkt nach dem Mord an dem Religionsführer macht ein ganz anderes Gerücht die Runde: Die Christen sollen es gewesen sein, angeblich.

Weil dieser Priester massiv vor Christen warnte. Weil er in scharfem Ton Pastoren und Missionare beschuldigte. Deswegen hätten sich die Christen gerächt, heißt es. Wie diese aus der Luft gegriffene Behauptung entstand, ob sie vielleicht sogar ganz gezielt gestreut wurde – all das wird sich wohl niemals klären lassen. Fest steht: In den Tagen nach dem Mord rollt eine Welle von Beschuldigungen, Drohungen und Verwünschungen auf die kleinen christlichen Gemeinden im indischen Bundesstaat Orissa zu.

Eine gute Woche später folgen den schlimmen Worten noch schlimmere Taten.

Ein offensichtlich gezielt zusammengestellter Haufen von mehreren Tausend Hindu-Extremisten zieht durch Dörfer und kleine Städte. Die Christen zittern und beten. Manche fliehen, viele bleiben, wo sie sind. Und erleben den Schrecken in einer Heftigkeit, mit der sie nie gerechnet hätten.

Ludhia zum Beispiel, Frau des Pastors aus dem Kleinstädtchen Totoma. Zur Gemeinde ihres Mannes gehören etwa fünfundvierzig Familien. Bis zu zweihundert Menschen kommen am Sonntag zum Gottesdienst. Etwa jeder zehnte Bewohner des Stadtviertels.

Ludhia und ihr Mann Digal Nayak hören von den Drohungen. Die Fanatiker wollen alle Pastoren im Land töten, erzählt man sich hinter vorgehaltener Hand. Ludhia und ihr Mann nehmen das Gerücht ernst, aber nicht ernst genug.

Am Abend des 26. August hören sie aus der Ferne Schreie. Eine aufgepeitschte Menge kommt hörbar näher und näher. Die zusammengetrommelten Scharfmacher brüllen und schreien. Bald kann Ludhia verstehen, was sie in einem scharfen Rhythmus ständig wiederholen: *„Nur Hindus sind Brüder, Christen sind Ausländer.“* Lautes Gebrüll, furchterregend, in immer schnellerem Rhythmus. Es scheint kein Ende zu nehmen. Und es kommt immer näher.

Digal Nayak begreift, dass er nichts gegen diesen aufgestachelten

Haufen tun kann. Er schickt Ludhia los, sie soll sich gemeinsam mit dem erst vier Jahre alten Sohn verstecken. Er selbst rennt in die kleine Kirche, schnappt sich die Bibel vom Altar und versucht das Buch in Sicherheit zu bringen. Es scheint alles zu spät. Die brüllende Menge hat sein Kirchlein fast erreicht. Schnell schafft er es noch, in die Krone eines Baumes zu klettern und den Atem anzuhalten.

Ohnmächtig muss Pastor Digal Nayak zusehen, wie sein Gotteshaus gestürmt und verwüstet wird. Wie seine Hindu-Nachbarn der Menge genau melden, in welchen Häusern Christen leben und in welchen nicht. Wenig später brennen die ersten Häuser der Christen im Dorf. Ein Fanatiker will mit einer Fackel ein weiteres Dach anstecken. Dabei entdeckt er den Pastor auf dem Baum. Ludhias Mann wird geschnappt und angeschrien. Die Bibel der Gemeinde wird zerrissen und auf der Straße verbrannt. Fürchterliche Sprüche und Flüche gegen Gott und die Bibel hallen durch die Nacht. Dann Häme: *„Na, wo ist denn jetzt dein Jesus? Warum hilft er dir nicht?"*

Die rasende Menge zerrt ihr Opfer durch die Straßen. Dann beginnt sie Digal Nayak zu foltern. Schlägt ihm eine Hand ab. Und noch eine. Verprügelt ihn wieder und wieder. Sticht mit Messern auf ihn ein. Und treibt ihn immer weiter durchs Dorf, bis er nicht mehr aufstehen kann.

„Mitten auf der Straße tat mein Mann seinen letzten Atemzug", erzählt Ludhia mir acht Jahre später. *„Sie haben ihn nicht mit einem Schlag getötet, sondern bewusst ganz langsam, in kleinen Schritten."*

All das hat sie erst später nach und nach von Augenzeugen erfahren. Sie verstummt, nachdem sie mir das Grauen geschildert hat.

Als sie sich in den frühen Morgenstunden aus ihrem Versteck herauswagt und nach Digal Nayak sucht, stößt sie auf einige wenige sterbliche Überreste, an denen sie ihren Mann erkennt. Die Extremisten haben seinen Leichnam mit Kerosin übergossen und angesteckt. Schier ohnmächtig vor Schmerz kriecht Ludhia zurück in ihr Versteck und zu ihrem Sohn.

Am nächsten Morgen ist die mordende Horde immer noch da. Ludhia hört aus einigermaßen sicherer Distanz, was sie grölen:

„Wer von euch Christ bleibt, wird genauso sterben!"

In der nächsten Nacht schleicht sie wieder zu den Resten des Leichnams. Kein Mensch zeigt Trauer um den beliebten Pastor. Viel zu gefährlich wäre das. Nur sein Hund Poppy sitzt treu in der Nähe seines Herrchens und rührt sich nicht von der Stelle.

„Mama, lass uns gehen und auch sterben", bettelt ihr kleiner Sohn. Er ahnt die Lage, obwohl Ludhia versucht, ihm möglichst wenig der grausamen Details zu erzählen. Inzwischen weiß sie: Nicht nur ihr Mann Digal Nayak ist Opfer der Fanatiker geworden. Auch eine Frau und ein Mann aus ihrer Gemeinde sind tot. Etliche sind verletzt, viele auf der Flucht.

Einige Dutzend Kilometer weiter, in einem kleinen Dorf, erleidet Kadhampul in derselben Nacht das gleiche Schicksal: Auch ihr Mann ist Pastor. Auch er überlebt die Angriffe des Mobs nicht.

Kadhampul lebt gemeinsam mit Mann und Schwiegermutter in einem kleinen Haus. Weil seine Kirche und seine Gemeinde einen Ort weiter liegen, hält der Pastor es nicht für nötig zu fliehen. Wenn überhaupt, dann will er zur Kirche im Nachbardorf rennen und retten, was zu retten ist.

Kadhampul schreit ihren Mann an: *„Wir müssen fliehen, wir müssen hier verschwinden."*

Doch er will bleiben, will seine Gemeinde nicht im Stich lassen. Er nimmt seine Bibel, kniet sich auf den Boden und fängt an, Gott um Hilfe und um Führung zu bitten. In diesem Augenblick kracht eine Axt gegen die Tür. Sekunden später füllt sich der kleine Raum mit Fanatikern. Die Axt trifft den Kopf des Pastors, seine Schultern. Dann packt man ihn und zerrt ihn hinaus, vors Haus.

„Wir töten dich, wir töten dich!“, schreien die Angreifer. Es setzt weitere Axthiebe, man durchbohrt ihn mit einem Pfeil, schneidet ihm die Kehle durch. Dann schleppt man den Sterbenden zurück ins Haus und übergießt ihn mit Kerosin.

„Lasst meinen Sohn leben, bitte!“, schreit seine alte Mutter von ihrem Bett aus.

Die Antwort ist höhnisches Lachen.

Ein Funken, dann steht das kleine Haus in Flammen. Der Pastor und seine Mutter sterben. Kadhampul kann sich in letzter Minute retten. Doch sie bleibt in der Nähe, sieht mit eigenen Augen, wie ihr Haus in Flammen aufgeht. Und mit ihm die beiden für sie liebsten und wichtigsten Menschen.

Ludhia und Kadhampul sitzen mir acht Jahre nach dieser schrecklichen Nacht auf einer Terrasse gegenüber. Sie erzählen und erzählen. Die Bilder des Schreckens stehen ihnen offensichtlich noch lebhaft vor Augen. Unser Gespräch verläuft mit Hindernissen. Sie sprechen nur Uria, die Sprache Orissas. Der Dolmetscher, der Uria kann, spricht aber weder Englisch noch Deutsch. Also muss noch ein weiterer Umweg über die Telugu-Sprache dazwischengeschaltet werden. Jeder Satz ertönt in drei Sprachen.

Trotzdem bekomme ich sehr viel mit von den Erfahrungen der Frauen, von ihren Gefühlen, ihrer Ohnmacht, ihrer Trauer. Ich sehe ihre von Leid gezeichneten Gesichter. Ich ahne: Die Wirklichkeit muss noch schlimmer gewesen sein als das, was sich jetzt in Worte fassen lässt.

Mir fällt auf, dass beide Witwen keine Träne vergießen. Als hätten sich ihre Augen in den schlimmen Jahren längst leer geweint. Kadhampul wischt sich ab und zu mit einem Tuch über die trockenen Augen. Manchmal röten sich die Augen. Dann wieder scheinen sie starr ins Nichts zu schauen. Doch Kadhampul erzählt und erzählt. Und Ludhia genauso.

Die Rettung der beiden Witwen erfolgt erst etwa eine Woche nach dem Überfall. Als – Tage nach dieser Gewaltorgie – Orissa in den Schlagzeilen der Weltpresse landet. Das löst Druck auf die indische Regierung aus. Sie kann die Pogrome nicht länger totschweigen. Nur deshalb zieht in den Heimatorten der beiden trauernden Witwen Militär auf.

Soldaten errichten provisorische Zeltstädte für die verstörten Menschen. Sie sollen die Christen vor weiteren Übergriffen schützen.

Die Weltöffentlichkeit erfährt: fünfzigtausend Christen oder mehr sind auf der Flucht. Schätzungen sprechen von dreihundert verbrannten Kirchen und mehreren Tausend Häusern, die einmal Christen gehört haben und jetzt in Schutt und Asche liegen. Mehrere Hundert Menschen wurden verletzt. Wie viele ihr Leben verloren, weiß niemand genau. Manche Quellen sprechen von etwa sechzig Todesopfern, andere von mehreren Hundert. Doch Zahlen spielen für die beiden Witwen keine Rolle. Sie denken an ihre beiden Männer, die den Tod fanden. Aus einem einzigen Grund: weil sie zu Christus gehören wollten.

Singh ist einer der Ersten, die die beiden Witwen in ihrem Behelfsquartier besuchen. Er sucht mit den beiden Frauen die Orte auf, an denen ihre Männer zu Tode gekommen sind. Er weint mit ihnen. Unterstützt sie mit wenigen möglichen Mitteln. Aber mit viel Mitgefühl und Liebe.

Die Reise von Visakhapatnam ins Herz Orissas dauert mehr als zehn Stunden. Der Aufenthalt dort sei gefährlich für ihn, warnen ihn die einheimischen Christen. Trotzdem macht er sich immer wieder mit seinen Mitarbeitern auf den Weg und versucht Verständnis zu zeigen, ihre Not zu sehen und mitzuempfinden, zu helfen, zu beten und Gottesdienst zu feiern mit der traumatisierten kleinen Gemeinde.

Einige Wochen nach der blutigen Nacht haben sich mehr als einhundert Flüchtlinge aus Orissa in tagelangen Fußmärschen durch den Dschungel bis in den Bundesstaat Andhra Pradesh durchgeschlagen. Singh nimmt sie auf und gibt ihnen ein provisorisches Dach über dem Kopf im Zentrum der Nethanja-Kirche in Visakhapatnam.

Unter diesen Flüchtlingen ist auch Sudhir. Pastor wie die beiden ermordeten Ehemänner von Ludhia und Kadhampul.

Als bei den Angriffen die Fanatiker sich Sudhirs Dorf in Orissa nähern, nimmt er Reißaus, flüchtet sich mit Frau und Kind in den Dschungel. Im Gewimmel verliert er die beiden, findet sie erst einen Monat später wieder.

Inzwischen hat er erfahren, wie viele seiner Kollegen umgekommen sind. Was Hindu-Extremisten mit Kirchen, Bibeln und lebendigen Menschen angestellt haben. Sein Mut verlässt ihn. Er geht nicht zurück, um den leidenden Christen in der Heimat beizustehen. Er flieht in Sicherheit. Sucht mit seiner Familie Schutz bei Singh in Andhra Pradesh. Jahre später gibt er mir gegenüber ganz ehrlich zu: Ich hatte in dem Schrecken meinen Glauben an Gott verloren.

Ein Pastor ohne Glauben und ohne Vertrauen. Und einer, der von anderen aufgefangen werden muss.

„Ich hörte die Frauen und die Kinder unserer Flüchtlingsgruppe von Gott singen. Trotz all dem, was wir erlebt hatten, sangen sie. Ihr Beispiel hat mich letztlich zur Vernunft gebracht.“

Nach Monaten in der Fremde wagt Sudhir mit seiner Familie den Weg zurück nach Hause. Das Gebet und eine kleine Unterstützung der Nethanja-Kirche im Rücken. Und ein großes Programm vor Augen:

„Lieber mit Jesus sterben als ohne ihn unwürdig leben", sagt er mir.

Ich habe das Gefühl, dass ihn die Erfahrung des Scheiterns tatsächlich stark gemacht hat.

Ludhia und Kadhampul sind die ganze Zeit über treu. Treu ihrem Gott, treu ihrer Gemeinde gegenüber. Nach zwei harten Jahren im Auffanglager bekommt Ludhia ein Angebot der Nethanja-Kirche. Sie kann in Orissa als Lehrerin in einer kleinen Schule arbeiten. In ihrem Unterricht lernen Kinder von Christen und Kinder von Hindus. Gemeinsam.

Ludhia lebt und arbeitet heute wenige Kilometer entfernt von ihrem früheren Heimatdorf. Zurück nach Totoma dürfe sie nur, wenn sie vorher ihrem Jesus abschwören würde, haben ihr die ehemaligen Nachbarn ausrichten lassen.

Ihren Sohn hat sie wegen solcher Drohungen sicherheitshalber auf eine Schule in einer anderen Region des Landes geschickt. Sie kann ihn nur einmal im Jahr besuchen. Aber sie möchte, dass er dort sicher leben und lernen kann.

„In der ersten Zeit nach dem Tod meines Mannes war ich voller Verzweiflung und Wut", sagt Ludhia mir. *„Aber das hat sich nach und nach gelegt. Gott hat mir geholfen, und er hilft mir immer wieder. Das macht mich trotz allem zu einem Menschen, der mit seinen Mitmenschen im Frieden leben möchte. Und nicht von Hass bestimmt ist."*

Auch Kadhampul lässt sich nicht von Hass und Rachsucht leiten. Nein, sie klage Gott nicht an, antwortet sie mir erstaunt auf meine Frage. Fast ein wenig so, als wäre diese Frage an den Haaren herbeigezogen. *„Mein Mann war doch im Dienst für Gott. Wir* *wussten immer, dass dazu auch das Leid gehören könnte. Ich glaube, der Name meines Mannes hat jetzt einen Platz im Himmel. Darüber bin ich sehr froh.“*

Kadhampul lebt heute in einem kleinen, neu errichteten Haus. Die Nethanja-Kirche hat ihr das ermöglicht. Die stille Frau bestand darauf, dass es genau auf der Asche ihres letzten Hauses gebaut werden sollte. Obwohl sie in ihrer Heimat eine schwere Herausforderung zu bestehen hat: Sie weiß genau, wer von ihren Nachbarn ihren Mann getötet hat. Sie hat die Täter in der Nacht eindeutig erkannt. Und sie dann später bei der Polizei angezeigt. Doch nach kurzen Untersuchungen wurden alle wieder freigelassen. Als die Augen der Weltöffentlichkeit sich von Orissa abgewandt hatten, ließ die Unterstützung für die leidenden Christen wieder spürbar nach. Nirgendwo kam es zu gerichtlichen Verurteilungen der Täter, berichtet sie.

Was soll Kadhampul tun, wenn sie auf dem Weg zum Markt oder zum Wasserholen die Mörder ihres Mannes trifft? Muss sie befürchten, dass sie, die Augenzeugin, aus dem Weg geräumt werden soll?

Kadhampul bleibt. Und vertraut auf Gott.

Pastor Sudhir, Ludhia und Kadhampul haben mir die wichtigsten Stationen ihrer Leidensgeschichte erzählt. Wir sitzen einander gegenüber, seufzen, schweigen.

„Wie hat sich die Kirche in Orissa durch diese Schrecken verändert?“, frage ich nach einer Pause.

Sudhir antwortet: *„Soweit ich weiß, ist nicht ein einziger Christ durch die Gewalt vom Glauben an Jesus abgefallen, nicht ein einziger. Im Gegenteil: Etliche Hindus sind nach den Ereignissen Christen geworden. Allein in meiner Gemeinde habe ich sechs von ihnen getauft.“*

Ludhia führt seinen Gedanken fort: *„Wir sind voller Trauer. Aber* *wir sind auch dankbar dafür, dass unsere Männer treu zu Jesus gestanden haben. Wir wollen jetzt auch so treu sein.*"

Unsere Begegnung geht dem Ende entgegen. Mehr als zwei Stunden lang haben wir miteinander gesprochen.

Ich frage meine drei Gesprächspartner, welche Botschaft sie als Christen aus Orissa den Christen in Deutschland denn mitgeben möchten.

Die Antwort überrascht mich: „*Wir können doch gar nicht trennen zwischen Christen bei euch und Christen bei uns in Orissa*", sagt mir Pastor Sudhir.

„*Wir gehören doch als Leib Christi alle zusammen.*" Und dann zitiert er den Apostel Paulus, der ein Lied von Leid und Verfolgung singen konnte: „*Wenn ein Glied an diesem Leib leidet, dann leiden alle Glieder mit*" (1. Brief an die Gemeinde in Korinth, 12,26a).

Was für ein weiser Gedanke.

Was für eine Verpflichtung für uns.

7

„DAS HIER IST MEINE FAMILIE!“

So viel überschäumende Freude an einem so schwülheißen Sonntagnachmittag!

Als wir vor den Toren des „Shalom-Mädchendorf“ in Rajahmundry halten, hören wir rhythmisches Klatschen und Kinderlachen. 120 Mädchen stehen Spalier. Lauter Schönheiten, zwischen sechs und fünfzehn Jahren alt. Jede zum Begrüßungsfest herausgeputzt. Im farbenfrohen Sari oder sonst einem besonderen indischen Kleidungsstück. Die schwarzen Haare frisch gewaschen. Exakt gekämmt. Mit Zopfspangen und allerlei Glitzerkram geschmückt.

Mit strahlenden Augen blicken uns die Mädchen entgegen. Schon die Kleinen wagen schüchterne Sätze, auswendig gelernt: „Good afternoon, Sir. How are you, Sir? Nice to meet you, Sir!“ Dann Kichern. Ein wenig aufgeregt, aber sichtbar stolz sind die Mädchen, Besuch aus der Ferne zu bekommen.

Ein paar mutige Mädchen schnappen sich meine Hand. Machen mir zielstrebig klar, wo sie mich hinhaben wollen. Ziehen mich mit. Widerstand ist zwecklos. „Come, see my house“, diesen Satz haben sie offenbar besonders gut geübt. Viel mehr Englisch aber scheinen sie nicht zu können. Meine Fragen aber werden vor allem durch scheues Lächeln erwidert.

Im Haus angekommen, zeigen sie mir, worauf sie stolz sind:

den blitzblank geputzten und gut aufgeräumten Schlafsaal mit den Doppelstockbetten. Die Schulbücher. Die Rucksäcke im Regal. Viel persönlichen Besitz sehe ich nicht.

Ein sehr einfaches Quartier – für deutsche Verhältnisse. Für indische Verhältnisse eine Chance für die Zukunft. Denn jedes der Mädchen ist hier, weil seine Familie es nicht wollte. Oder es nicht mehr ernähren konnte. Oder weil es gar keine Familie mehr gibt.

Mädchen gelten oft nichts in Teilen der indischen Gesellschaft. Vor allem sehr arme Menschen meinen: Mädchen sind nur eine Belastung. Mädchen machen nur Arbeit. Mädchen ruinieren die Familie, wenn bei ihrer Hochzeit eine völlig überzogene Mitgift abgeliefert werden muss. Mit der schlimmen Folge, dass vor allem weibliche Babys abgetrieben werden. Dass vor allem Mädchen ausgesetzt, auf die Straße gejagt, verkauft oder – manchmal ganz buchstäblich – auf den Müll geworfen werden.

Dieses fürchterliche Schicksal bleibt den fröhlichen Mädchen hier erspart.

Gott sei Dank. Und Pratap Komanapalli sei Dank, dem Regionalbischof der Nethanja-Kirche in Rajahmundry, einem der älteren Brüder von Singh. Auch Pratap will nicht nur das Evangelium predigen, sondern – ganz im Sinne Jesu – den Armen auch praktisch helfen. Zum Beispiel mit einer Schule. Einer Ausbildungswerkstatt für IT-Grundbegriffe. Einem Heim für Jungen. Und eben mit dem Mädchendorf, das wir heute besuchen.

Meine Hausbesichtigung ist abgeschlossen. Ein paar Fotos noch von den wuselnden Mädchen, direkt vor der Tür ihres Hauses. Sie bedanken sich, platzen fast vor Stolz, als ich ihnen ihre Gesichter im Display meines Smartphones zeige. Eine Verschnaufpause noch im Schatten eines Baums mitten auf dem Gelände. Dann zerren mich gleich mehrere Mädchenhände weiter. Zum Schmuckstück des Dorfes, auf das sie sichtlich stolz sind. Zur Kirche.

Freundlich, hell, lichtdurchflutet, mit einfachen Teppichen auf dem Boden erwartet mich das schlichte Gotteshaus. Die meisten Mädchen sitzen schon im Schneidersitz bereit. Sie begrüßen uns mit Applaus, geleiten uns nach vorne. Als Ehrengäste dürfen, nein müssen wir vorne auf weißen Plastikstühlen sitzen. So können wir das „Showprogramm" besonders genießen, das sie für uns eingeübt haben. Nach einer Begrüßung von Pratap beginnen die Vorführungen. In verschiedenen Altersgruppen tanzen die Mädchen zu dröhnend laut eingespielter Musik. Stolz zeigen sie uns, was sie von ihren Lehrerinnen gelernt haben.

Ein Höhepunkt ist für mich der Tanz, den sechs ältere Mädchen für uns einstudiert haben. Voller Rhythmus, voller Gefühl. Für deutschen Geschmack vielleicht mit ein bisschen viel Pathos. Die Mädchen sind ganz bei der Sache, jede Bewegung fließt, auch das Lächeln sitzt. Leicht und voller Grazie bewegen die Mädchen ihre Hände, setzen ihre Schritte, neigen sich tief zur einen Seite und dann wieder zur anderen. Und strahlen dabei Würde und Eleganz aus. Das Gold an Halsketten und Ohrringen ist nicht echt. Ihr Lächeln dafür umso wertvoller. Ich schau ihnen beim Tanzen zu und spüre: Diese Mädchen fühlen sich gerade wie Prinzessinnen. Mir geht durch den Kopf: Eine solche Erfahrung ist für viele von ihnen sicher Balsam für die Seele.

Nach dem Tanz lade ich einige der Tänzerinnen und weitere Mädchen ein, für ein Gespräch gemeinsam auf dem Teppich Platz zu nehmen.

Meghana, Shanti und Gangotri, drei hübsche Teenager, sind absolut tanzbegeistert. Wie wohl die meisten indischen Mädchen, meinen sie. Schon mit sieben oder acht Jahren haben sie erste Tanzschritte in der Schule gelernt. Heute üben sie sage und schreibe zwei Stunden täglich. Oder erzählen sie das nur, um mich zu beeindrucken?

„Macht es euch stolz, vor anderen Leuten zu tanzen?", frage ich sie.

Alle drei reagieren schüchtern, kichern, halten sich die Hand vor den Mund. Doch dann geben sie zu: Ja, es mache sie glücklich, wenn sie zeigen können, was sie gelernt haben, wenn ihnen Leute beim Tanzen zusehen. Den anschließenden Beifall genießen sie besonders. Sie nehmen ihn dankbar entgegen. Ich spüre: Beachtet und bewundert zu werden stärkt ihr Selbstbewusstsein, bevor sie wieder zurückschlüpfen in den Alltag.

Alle drei, so erzählen sie mir, stammen aus armen Familien aus dem weiteren Umkreis von Rajahmundry. Ihre Eltern arbeiten sehr hart als Kulis auf den Feldern irgendwelcher Großgrundbesitzer. Mehr schlecht als recht können sie sich selbst ernähren. Für die Kinder aber reicht es hinten und vorne nicht.

Was die Mädchen lieber verschweigen, trägt Pratap später nach: Weil die Ehen dieser Eltern längst zerbrochen sind, fehlt es nicht nur am Geld. Es gibt einfach nirgendwo Platz für die Mädchen. Keiner will sie haben. Deshalb sind sie hier im Mädchendorf gelandet. Ein Glücksfall für sie. Eine menschenwürdige Alternative zu einem Leben auf der Straße, im Elend, in der Ausbeutung, in der Prostitution. Viele ihrer Altersgenossinnen haben es nicht so gut wie sie.

Pratap könnte weit mehr als hundertzwanzig Mädchen aufnehmen, wenn er nur Platz hätte. Anfragen gibt es in Hülle und Fülle.

„Habt ihr manchmal Heimweh?“, frage ich etwas zögernd. Ich möchte den Mädchen mit meiner Frage ja nicht wehtun.

„Ja, ein bisschen schon“, sagt die eine. *„Nein, hier gefällt es mir so gut, die Gemeinschaft in meinem Haus ist mir so wichtig“*, entgegnet eine andere. Die Wahrheit dürfte wohl in der Mitte liegen.

Wie in einer großen Familie leben die Mädchen hier zusammen. Etwa ein Dutzend Mädchen in einem Raum mit entsprechend vielen Stockbetten. Eine Hausmutter ist für sie da. Versucht ihnen das zu geben, wozu die Eltern nicht in der Lage sind. Zwei dieser Hausmütter haben einst selbst als Kinder und Jugendliche Zuflucht im Mädchendorf gefunden. Heute geben sie den Mädchen von der Liebe, die sie hier empfangen haben.

Manche anderen Mädchen gehen nach der Zeit hier im Mädchendorf aufs College – die höhere Schule. Andere finden einen Job. Wieder andere heiraten und gründen eine Familie.

„Was wollt ihr denn später mal werden?“, erkundige ich mich. Wieder kichern sie, tuscheln miteinander. Dann trauen sie sich, eine nach der anderen:

Shanti möchte als Lehrerin Kinder unterrichten, weil es ihr in der Schule so gut gefällt. Gangotri möchte als Polizistin für Ordnung sorgen.

Den wohl ungewöhnlichsten Berufswunsch vertraut Meghana mir an: Sie will Pastorin werden. Die Art und Weise, wie im Mädchendorf gelebt, geglaubt, gelernt, gestritten, gelacht und gebetet wird, die Gottesdienste und das selbstverständliche Rechnen mit der Gegenwart Gottes – all das möchte sie weiterleben und weitergeben.

Diese drei Tänzerinnen gehören zu denjenigen Mädchen im Dorf, die noch Eltern haben, wenn auch kein Zuhause, in das sie zurückkehren könnten. Ganz selten kommt es vor, dass ein Mädchen nach einer Zeit im Mädchendorf von einem Elternteil zurückgeholt wird. Weil die Eltern wieder zusammenleben. Oder weil sich die Verhältnisse der Eltern verbessert haben. In der Regel bleiben die Mädchen im Dorf. Besuchen ihre Eltern einmal im Monat. Wenn sie denn noch Eltern haben.

Etwa zwanzig der Mädchen stehen völlig alleine da. Etwa dreißig weitere haben nur noch eine Mutter oder einen Vater. Viele von denen, für die nirgendwo mehr Platz ist, werden von Verwandten ins Dorf gebracht. Manche regelrecht abgeschoben. Auf vermutlich Nimmerwiedersehen. Ein besonders hartes Schicksal.

Satyaveni zum Beispiel. Wie alt genau sie ist, weiß sie nicht. Ein Teenager auf jeden Fall. Im Dschungel aufgewachsen. Dort notierte sich niemand den genauen Geburtstag eines Mädchens. Warum auch? Der Vater starb bei einem Unfall, als sie noch ein Kind war. Die Mutter hatte Aids. Ein paar Jahre lang konnte sie sich noch um ihre Kinder kümmern, dann starb auch sie. Mit etwa sieben Jahren stand Satyaveni ganz allein da. Die Oma versuchte das Mädchen aufzuziehen, doch ihre Kraft reicht dazu nicht aus. So landete Satyaveni im Mädchendorf.

„Hier ist jetzt meine Familie", sagt sie. Ihre Worte klingen ein bisschen trotzig, aber trotz allem dankbar. Für sie ist es überlebenswichtig, hier zu sein. Sie freut sich über die Chance, in die Schule zu gehen. Sie genießt die Gemeinschaft mit den anderen Mädchen.

Und besser als viele andere kann Satyaveni das Heimweh der kleinen Sowjanya verstehen. Erst elf Jahre alt ist sie, aber auch sie hat weder Mutter noch Vater. Ein Onkel brachte sie her, vor wenigen Monaten erst. Der Kleinen ist klar: Zurück kann sie nicht mehr. Niemand wartet auf sie. Für die armen Verwandten wäre sie nur ein weiterer Esser, den es durchzufüttern gilt.

„Das Mädchendorf ist jetzt meine Familie", sagt auch Sowjanya. Und gibt doch auch zu: *„Ich muss oft vor Heimweh weinen."*

Dann tröstet die Hausmutter. Und auch die anderen Mädchen im Haus leiden mit und trösten.

Was ihr besonders gefällt im Mädchendorf, will ich von Sowjanya wissen – und die Antwort lässt tief blicken:

„Hier gibt es genug zu essen!", sagt sie wie aus der Pistole geschossen. *„Ich lebe so gerne hier."*

Meine letzte Gesprächspartnerin ist Shamila. Eine stille Vierzehnjährige. Eine, die erst jede Frage nur mit ein, zwei Wörtern beantworten will und scheu auf den Boden blickt. Sie ist weit weg von

Rajahmundry aufgewachsen, im indischen Bundesstaat Orissa. Dort, wo 2008 fanatische Hindu-Extremisten Kirchen und einzelne Christen angegriffen haben. Mit Gewalt, Mord und Zerstörung Front gemacht haben gegen die wenigen Christen im Land.

Zu den Leidtragenden gehört Shamila. Ihr Vater, Pastor einer kleinen Gemeinde im Dorf Anantapali, wurde totgeschlagen. Die Mutter versuchte ihre fünf Töchter in der feindlichen Umgebung alleine durchzubringen. Sie scheiterte.

Heute sind die Schwestern auseinandergerissen, aufgeteilt bei verschiedenen Verwandten. Die Mutter selbst ist zusammengebrochen. Ihre Psyche kann nicht mehr. Drei Monate ist es her, dass sie ihre Tochter zum letzten Mal besuchen konnte. Shamila hat keine Ahnung, ob ihre Mutter jemals wiederkommen wird.

Heute hat Shamila zwei Familien. Die fast zerschlagene in Orissa. Und die lebendige, die Wärme, Trost und Zuflucht spendet, hier im Mädchendorf.

„Ich bin oft sehr traurig", gesteht sie. *„Dann tut es mir gut, mit den anderen Mädchen zu sprechen. Und mit Gott."*

Zwei Jahre lebt sie nun schon im Shalom-Mädchendorf in Rajahmundry. Ihre Muttersprache aus Orissa wird hier nicht verstanden. Sie musste erst Telugu lernen und sich mühsam zurechtfinden.

Nachdem sie das erzählt hat, fängt Shamila ganz leise an, ein Lied in ihrer Muttersprache zu singen. Eindringlich, mitreißend. Während sie singt, füllen sich ihre Augen mit Tränen. Als sie fertig ist, frage ich sie nach dem Text.

„Ich habe ein Gebet gesungen", antwortet die Vierzehnjährige. *„Bitte, Herr, hilf uns, steh uns bei in all den Schwierigkeiten und in all dem Leid."*

Da schießen auch mir die Tränen in die Augen.

8

FREUNDE FÜRS LEBEN

Lydia und Fritz Schanz sind unerschrockene Menschen. Aber heute Abend ist ihnen doch ziemlich mulmig zumute. Sie können sich beim besten Willen nicht vorstellen, was in dieser völlig fremden Umgebung mit diesen völlig fremden Menschen wohl so alles auf sie zukommen wird.

Wir schreiben den 25. Dezember 1983. Und wir stecken mitten im indischen Dschungel. Eine weite, anstrengende Reise liegt hinter den beiden Globetrottern. Gemeinsam mit ihrem israelischen Freund Menachem Imber haben sie ein Abenteuer gewagt: von ihrem idyllischen Heimatstädtchen Wildberg im Schwarzwald aus zum Flughafen nach Frankfurt. Dann von Frankfurt nach Bombay. Weiter mit dem Flieger bis Hyderabad. Von dort aus mit einem klapprigen Bus endlos lange bis an den Rand des Dschungels. Dort warten ihr Freund Singh, ein paar seiner Mitarbeiter und ein uralter amerikanischer Straßenkreuzer Marke „Matador“ auf sie.

In seinem Tagebuch hält ihr Freund Menachem Imber fest: *„Nach vier, fünf Gläsern Tee fahren wir mit einem Matador über schreckliche Straßen, über hohe Gebirgspässe und durch tiefe Täler in ein typisches indisches Dschungelgebiet. Der Dschungel ist beeindruckend. Riesige Bäume und dichtes Unterholz. Manchmal steht eine kleine Hütte am Wegrand.“*

Nach quälend langen sechs Stunden Nachtfahrt über Stock und

Stein landen sie am Ziel. In Sileru im Siler-Dschungel. Nicht viel mehr als ein paar Häuschen am Wegrand.

Volle drei Tage haben sie vom Schwarzwald aus hierher gebraucht. Hier wollen sie Singh Komanapalli und seine junge Familie besuchen. Deswegen haben sie all die Strapazen auf sich genommen und sich auf diese für sie vollkommen unbekannte Welt eingelassen.

Die Anreise bot eigentlich schon Abenteuer genug. Doch kaum sind die Reisenden aus der Ferne so richtig angekommen, schleppt der begeisterte Singh sie mit zu einer ganz besonderen Veranstaltung. Einer Veranstaltung, bei der sie – ohne es bisher zu wissen – die Hauptattraktion sein werden.

Menachem Imber notiert: *„Heute fahren wir in ein Dschungeldorf, ‚Passapulanka', das Singh erst vor einem Jahr entdeckt hat. Bis dato haben weiße Menschen dieses Dorf noch nicht betreten. Wir werden die ersten Weißen dort sein. Von der Straße aus sind wir eine Stunde zu Fuß auf Dschungelpfaden unterwegs. Als wir dann im Dorf ankommen, werden wir vom Dorfältesten herzlichst empfangen. Im Dorf herrscht ein seltsamer Götzenkult. Viele Leute beten zu einem Felsen, unter dem sich ihrer Auffassung nach Gott befindet."*

Lydia und Fritz wissen nicht recht, wie ihnen geschieht. Die Arbeit von Singh und die Menschen, für die er da ist, wollen sie unbedingt kennenlernen. Vertrauen zu ihrem jungen Freund Singh haben sie auch. Aber was sie jetzt erleben, ist doch einigermaßen verwirrend:

Auf einer Lichtung versammeln sich die Bewohner des Dorfes rund um die weit gereisten „Bleichgesichter". Wenige Fackeln erhellen die Szene, ansonsten Dunkelheit. Singh hält auf Telugu eine lange Predigt, von der Lydia und Fritz kein Wort verstehen. Sie mustern ihre Umgebung und bemerken, wie genau sie gemustert werden. Wie eine Sensation eben. Menschen wie sie hat man hier noch nie zuvor gesehen. Die Dschungelbewohner sind hin- und hergerissen zwischen kindlicher Neugier und Furcht. Man starrt die bleichen Besucher an, als wären sie das achte Weltwunder.

Ganz ohne Vorwarnung fordert Singh Fritz dazu auf, ein Grußwort an die Dorfbewohner zu richten. Ein Gruß, verbunden mit einer geistlichen Botschaft soll es sein, erklärt er seinem deutschen Freund. Bloß nicht zu kurz. Eine Viertelstunde oder mehr wäre okay.

Schließlich will der leidenschaftliche Missionar Singh – damals gerade einmal Ende zwanzig – seine Landsleute für den Glauben an Jesus Christus gewinnen. Er will ihnen klarmachen, dass Gott selbst in seinem Sohn Mensch geworden ist, um den Menschen ganz nah zu sein. Dass Gott nicht unter irgendwelchen Felsen, nicht in Bäumen oder an anderen magischen Orten wohnt. Sondern in jedem Menschen, der sich auf ihn einlässt.

Für dieses Ziel spannt er jetzt auch den Gast aus dem fernen Deutschland ein, der ein Mensch mit großem Herzen für Menschen ist – aber kein theologischer Profi. Singh setzt auf die natürliche Neugierde der Bewohner des Dschungels. Die werden dem hellhäutigen Exoten aus der Ferne sicher noch viel aufmerksamer zuhören als ihrem Landsmann.

Fritz wischt sich über die Stirne und legt los. Redet und redet und schickt Stoßgebete zum Himmel, während Singh seine deutschen Sätze in die indische Telugu-Sprache übersetzt. Doch allmählich wird Fritz ruhiger, als sei es ganz normal für ihn, mitten im Dschungel Predigten aus dem Stegreif zu halten.

Immer mehr wird ihm und allen anderen bei dieser außergewöhnlichen Versammlung klar: Trotz aller äußeren Unterschiede begegnen hier ganz normale Menschen anderen Menschen, die ebenfalls ganz normal sind. Sie wollen mit ihnen über Gott sprechen, der ihr Leben verändert und in eine gute Richtung gebracht hat. Sie erleben dabei Offenheit und Interesse, Dankbarkeit und Gastfreundschaft. Eine bereichernde Erfahrung.

Überhaupt bereichert die Begegnung mit Singh das Leben von Lydia und Fritz Schanz auf vielfältige Weise.

Die Pfarramtssekretärin Lydia und der Schulhausmeister Fritz Schanz, Eltern von vier Söhnen, haben Singh drei Jahre vor diesem Dschungelabenteuer kennengelernt.

Auf ungewöhnlichen Wegen hatten sie damals gemeinsam mit ihrem Freund Menachem Imber schon einige Begegnungen zwischen Menschen aus Deutschland und jüdischen Israelis organisiert. Nach einigen Reisen mit kleineren Gruppen wagen sie 1980 ein größeres Projekt: Mehr als vierzig junge Leute aus Süddeutschland kommen mit. Wollen gemeinsam mit Schanzens das unbekannte Israel und dort lebende Juden kennenlernen. Unter den Reisenden aus Deutschland ist ein junger Ausländer, der gerade ein Praktikum im Schwarzwald macht. Zum Abschluss dieser Zeit möchte er gerne zusammen mit der schwäbischen Gruppe das Heilige Land kennenlernen. Der Name des wissbegierigen Praktikanten: Singh Komanapalli aus Indien.

Schon der erste Blick auf diesen jungen Mann begeistert Fritz Schanz. Überwältigend sei es für ihn gewesen, den hochgewachsenen Singh mit seinem dunklen Teint und dem strahlenden Lächeln am Flughafen zu sehen, erzählt Fritz Jahrzehnte später. Und nicht nur Fritz ist beeindruckt: Schnell sei Singh zum „Star" der ganzen Gruppe auserkoren worden, erinnern sich beide – trotz seiner damals eher mageren Deutschkenntnisse (so redet Singh eine Teilnehmerin namens „Angelika" lange Zeit mit „Angemelika" an, weil ihm der deutsche Vorname einfach nicht richtig über die Lippen kommen will).

Doch Singhs Charme, sein gutes Aussehen und sein Humor

machen das wett. Ein Lied wird auf der Reise wieder und wieder gesungen. Und besonders laut stimmt Singh mit ein: *„**Sing** mit mir ein Halleluja“* – er bezieht das erste Wörtchen des Refrains natürlich lachend auf sich.

„Voller Humor, sehr nett, freundlich, liebenswürdig, so erleben wir Singh von Anfang an“, sagt Lydia Schanz. *„Alle unsere Teilnehmer schließen ihn ins Herz.“* Und ganz besonders eine der Teilnehmerinnen. Spätestens auf dem Rückflug funkt es zwischen Singh und einer attraktiven jungen Deutschen, der Erzieherin Regina.

Lydia und Fritz bekommen die Liebesgeschichte der so unterschiedlichen jungen Leute von Anfang an mit. Denn Singh hält sich nach dem ersten Kontakt häufig in ihrer Familie auf. Er freundet sich mit den Jungs der Familie Schanz an. Er hat einen guten Einfluss auf sie. Und fühlt sich selbst pudelwohl in der Umgebung dieser aufrechten, liebenswerten Herrschaften, die seine Eltern sein könnten. Fritz und Lydia wiederum freuen sich über den „Familienzuwachs“:

„Singh hat Leben und Sonne in unser Haus gebracht. Seine Freude steckt uns oft an“, berichten Schanzens.

„Immer war er sehr offen und ehrlich zu uns, hat uns von Erfolgen und von Niederlagen erzählt. Er nahm auch kein Blatt vor den Mund und sagte, wenn ihm etwas missfiel.“

Als Schanzens ein Reisebüro gründen und langsam neben ihren Berufen aufbauen, ermahnt sie ihr junger indischer Freund:

„Ihr arbeitet zu viel, ihr müsst euch mehr Zeit für euch nehmen.“

Er tut es so besorgt und so liebevoll, dass sie ihm diese Kritik nicht übel nehmen können.

Kein Wunder, dass Lydia und Fritz zur Hochzeit von Regina und Singh eingeladen werden. Für Singh, dessen Eltern nicht aus dem fernen Indien anreisen können, sind die beiden an diesem besonderen Tag der Ersatz für seine Familie. Und als Regina und Singh ihre erste Tochter bekommen, wird Lydia wie selbstverständlich Taufpatin.

Eine Freundschaft fürs Leben hat begonnen. Eine Freundschaft, die das Leben von Lydia und Fritz verändert. Die sie bis in den Siler-Dschungel führt.

Als Regina und Singh mit ihrer kleinen Tochter zu ihrem künftigen Einsatzort nach Indien geflogen waren, hatten sie Schanzens angefleht: *„Bitte, bitte, kommt uns besuchen!“*

Genau das tun Lydia und Fritz jetzt, gemeinsam mit Menachem Imber. Und landen prompt als weiße „Aliens“ mitten unter den dunkelhäutigen Dschungelbewohnern.

Sie selbst staunen hier über das schlichte, aber sehr lebendige Christsein, das sie in den verschiedenen Gemeinden Singhs im Dschungel erleben. Auch ihr jüdischer Freund Menachem ist verblüfft. Und notiert: *„Beim Besuch der Dörfer im Dschungel habe ich mir die Meinung gebildet, dass Fortschritt für Indien durch die Annahme des christlichen Glaubens am allerbesten gefördert werden kann. Die Annahme des christlichen Glaubens ist meiner Ansicht nach eine Hilfe, die fortschrittlich voraussieht und die Menschen zu Taten inspiriert.“*

Doch der Jude Menachem beobachtet die indischen Christen durchaus mit kritischem Abstand. Nur einen Tag später hält er in seinem Tagebuch fest:

„Wir wollten in das Kinderdorf ‚Poluru‘ fahren, aber der indische Pastor wurde todkrank, es bestand fast keine Hoffnung mehr für sein Leben. Einige Stunden später erhebt er sich wie ein Phönix aus der Asche. Zwei Tage später ist er wieder voll bei Kräften. Das ist die zähe Natur der Inder. Die Christen hier nennen es ein ‚Wunder‘.“

Noch einen Tag später – am 5. Januar 1984 – gerät der Skeptiker ins Grübeln. Bei der Rückfahrt aus dem Dschungel in die Zivilisation bleibt der alte Matador auf einem Pass von etwa 1300 Metern Höhe liegen. Der Tank ist leer. Tankstellen oder Ortschaften sind zu Fuß von hier aus unerreichbar. Ein paar Ochsenkarren machen in der Nähe Rast, die Fahrer können nichts für die Liegengebliebenen tun.

Zitat aus Imbers Tagebuch: *„Die Fahrer der Ochsenkarren sind nett, können uns aber nicht helfen. Mit Ochsenpisse bewegt sich ein Matador nicht."*

Drei schwer beladene Lkw donnern ungerührt vorbei, ohne sich um den Wagen am Straßenrand zu kümmern. Die Reisegruppe bleibt mitten im Dschungel hilflos zurück.

Was kurz darauf geschieht, versetzt Menachem Imber in Begeisterung: *„Siehe da: Ein Wunder geschieht. Als wir uns schon zum Schlafen im Matador vorbereiten, kommen zwei Inder mit dem Fahrrad und bringen uns fünf Liter Diesel. Es sind Fahrer der Lkw, die inzwischen ihre Ladung abgeliefert haben. Sie sind zurückgekehrt – nur um uns zu helfen. Ihre Hilfsbereitschaft ist erfrischend. Sie holen die Luft aus dem Motor und lassen unseren Matador an. Für ihren Dienst wollen sie nichts annehmen, außer drei Rupien pro Liter Diesel. Fritz hätte ihnen dafür auch ein halbes Königreich gegeben, sie aber nehmen nichts an, verabschieden sich und sind weg."*

Viele unglaubliche Begegnungen, Überraschungen und Wunder erleben Fritz und Lydia schon auf ihrer ersten Reise nach Indien.

Seit damals sind mehr als drei Jahrzehnte vergangen. Ihre Freundschaft zu Singh ist in dieser Zeit immer weiter gereift. Durch dick und dünn, durch Tiefen und Höhen hindurch.

Aus dem ersten Besuch in Indien sind bis heute insgesamt achtzehn Reisen geworden. Erst fliegen Schanzens gemeinsam mit Menachem Imber. Später nehmen sie eine ganze Reihe von Menschen mit, die Singh und seine wachsende Arbeit in Gemeinden und sozialen Einrichtungen kennenlernen sollen.

Unzählige Gottesdienste und Gemeindeveranstaltungen in Indien erleben Schanzens bis heute mit. Dutzende von kleinen Kirchen und Schulgebäuden weihen sie ein. Bei Hunderten von Taufen sind sie Augenzeugen.

Unzählige Menschen wollen von ihnen gesegnet werden. Und noch viel mehr Menschen wurden gestärkt durch einen liebevollen Blick, einen Scherz, einen Händedruck. Viele Inder von Singhs Nethanja-Kirche bezeichnen Lydia und Fritz Schanz voller Dankbarkeit und Respekt als „Mama“ und „Papa“. Sie spüren genau, welche Liebe die beiden ihnen über so viele Jahre hinweg entgegenbringen. Zuverlässig. Treu. Bescheiden.

Auch wenn Lydia und Fritz Schanz kein Wort Telugu und nur ein paar Brocken Englisch sprechen: Sie strahlen unendlich viel Liebe und Wohlwollen aus.

Kinder, Erwachsene, ältere Menschen spüren bei jedem Besuch dieser Herzensmenschen: Wir sehen euch. Ihr seid wertvoll für uns. Wir sind extra euretwegen aus Deutschland hierhergekommen. Wir richten euch aus, dass Gott euch lieb hat!

Mit dieser Botschaft sind Lydia und Fritz eine kostbare Bereicherung für die Nethanja-Kirche, berichtet Singh.

Umgekehrt aber fühlen sich die beiden durch Singh und seine Gemeinden beschenkt: *„Die Begegnung mit Singh und die vielen Reisen nach Indien haben unseren Horizont sehr erweitert. Für uns ist es ein großes Geschenk, ihn zu kennen!“*

Ihr Freund Menachem bringt es auf den Punkt:

„Euer Leben ist in zwei verschiedene Abschnitte aufgeteilt: die Zeit VOR Singh und die Zeit MIT ihm.“

9

PREDIGT IM TERRORCAMP

Lebensgefahr direkt im Anschluss an einen Gottesdienst. Ein harmlos wirkendes Gespräch entpuppt sich als Anfang einer Entführung. Der junge Prediger soll mundtot gemacht werden. Von Terroristen, denen seine Botschaft nicht passt. Und die ihn deswegen zum Schweigen bringen wollen. Oder loswerden.

Es ist ein ganz gewöhnlicher Sonntag im Jahr 1984. Nach dem Gottesdienst im Dschungelstädtchen Sileru stehen Gemeinde und Gäste noch eine Weile zusammen. Man plaudert. Spricht über die Predigt. Tauscht Grüße und Banalitäten aus.

Ein Unbekannter schüttelt Singh die Hand. *„Mach keine Szene, folge mir einfach"*, flüstert er dem jungen Missionar zu. Und wiederholt mit eindringlicher Stimme: *„Folge mir. Wir wollen mit dir reden."*

Singh weiß sofort, mit wem er es zu tun hat. „Naxaliten", so heißt die Gruppe von selbst ernannten Freiheitskämpfern. Seit Jahren macht sie die Gegend unsicher. Maoistisch-kommunistische Ideale im Herzen. Die Not der armen Bevölkerung und vor allem der Naturstämme im Dschungel vor Augen. Das Gewehr in der Hand. Im ständigen Kleinkrieg mit Polizei und Militär. Im Kampf für Unabhängigkeit von der indischen Zentralregierung. Unterstützt durch Waffen und Ideologie aus China. Beseelt von dem Wunsch, selbst die Macht zu übernehmen. Versteckt im Dunkel des Dschungels. Kompromisslos. Skrupellos. Gewalttätig. Gefürchtet.

Singh kann niemandem erklären, was sich hier gerade abspielt. Kann seiner jungen Frau Regina keine Botschaft, keine Andeutung überbringen lassen. Kann sie nicht warnen oder auch nur grüßen. Er muss sie und die beiden Kinder, gerade drei Jahre und acht Monate alt, ohne Abschiedswort zurücklassen. Er hat keine Wahl, er muss folgen. Ohne ein Wort.

Im Bewusstsein, dass dieser Gang der letzte seines Lebens sein könnte.

Er weiß: Naxaliten scheuen nicht davor zurück, politische Gegner einzuschüchtern und dann umzubringen. In den Jahrzehnten ihres Kampfes haben sie Hunderte von Menschen getötet. Ihre Ideale von Freiheit, Selbstständigkeit und Gerechtigkeit sind hoch. Ihre Methoden rücksichtslos und brutal.

Der Mann, der Singh aus dem Gottesdienst heraus „abholt", schreitet zügig zwischen den Häusern hindurch, dann in den Urwald hinein. Eine halbe Stunde lang. Eine Stunde lang. Weiter und immer weiter. Singh hat bald die Orientierung verloren, immer wieder einmal werden ihm die Augen verbunden. Er ahnt nur, wo etwa er sich befindet. In ihm wühlt eine Mischung aus Angst und Gottvertrauen. Aus Sorge um seine Familie und Hoffnung auf ein gutes Ende der Entführung. Wortlos betet er innerlich immer wieder: *„Gott, ich brauche deine Gegenwart jetzt ganz besonders. Bitte bleib bei mir."*

Dann plötzlich stoppt der Entführer, das Ziel scheint erreicht. Mitten im Dschungel sieht sich Singh plötzlich umzingelt von etwa dreißig Freiheitskämpfern. Sie tragen Gewehre, mustern ihnen abschätzig. Er weiß: Sein Leben liegt in ihrer Hand. Wenn sie es wollen, dann wird er nie mehr zurückkehren zu seiner Familie und zu seiner Gemeinde.

„Wir wollen mit dir reden", sagt einer der Anführer im Befehlston. *„Wir sind das Volksgericht und werden ein Urteil über dich fällen."*

Steht das Todesurteil etwa schon fest?, fragt Singh sich. Zunächst jedenfalls erlebt er eine Art Prozess, bei dem es nur Ankläger gegen ihn gibt.

„Was genau machst du hier im Dschungel?", wird er in schneidendem Ton gefragt. *„Warum bist du mit deiner Familie hierher gezogen? Welche Ziele verfolgst du wirklich?"*

Singh atmet tief durch, will von seiner Botschaft und von der Liebe Jesu erzählen. Aber schon setzt ein anderer Vertreter des „Volksgerichts" die Anklage fort: *„Uns passt deine Arbeit nicht. Du störst uns. Gib den Leuten hier Reis. Gib ihnen Kleider. Richte Schulen für ihre Kinder ein. Aber hör gefälligst damit auf, von diesem Jesus zu sprechen. Wir wollen, dass sie das Gewehr in die Hand nehmen. Und nicht deine Bibel."*

Allmählich versteht Singh das Ziel des improvisierten Prozesses: Er soll bedroht, eingeschüchtert und letztlich mundtot gemacht werden. Sozialarbeit für die Ärmsten soll er ruhig weiter leisten, dieses Anliegen deckt sich sogar mit manchen Zielen der Terroristen. Aber die Botschaft von Vergebung und Liebe, die widerspricht ihrem Weltbild. Die wollen sie mit allen Mitteln stoppen.

„Wir schauen uns das nicht länger mit an. Hör gefälligst auf mit deinem Jesus!", befiehlt einer der „Volksrichter" noch einmal.

„Schau dir doch an, wie der gescheitert ist. Umgebracht haben sie ihn. Fertiggemacht. Uns macht keiner fertig. Vor uns zittern die Leute. Die Sprache unserer Gewehre verstehen sie!"

Singh bleibt ruhig. Obwohl er weiß, dass sein Leben jetzt am seidenen Faden hängt. Er fasst Mut, aus menschlich nicht erklärbaren Gründen. Tritt seinen Anklägern fast ein bisschen frech entgegen: *„Wer mit dem Gewehr lebt, wird durch das Gewehr sterben. So ähnlich hat das schon Jesus gesagt!"*

Als Antwort setzt es Ohrfeigen, er wird geschüttelt, geschlagen, beschimpft.

Einschüchtern lässt Singh sich davon nicht.

Mit einem Mal geht ihm auf: Offensichtlich wissen die Terroristen nicht sehr viel von Jesus. Sie kennen nur den Bericht darüber, dass er an einem Kreuz gestorben ist. Das soll sich ändern, nimmt Singh sich vor. Selbst wenn die nächsten Sätze die letzten seines Lebens sein sollten.

„Wisst ihr, die Geschichte von Jesus war mit dem Tod nicht zu Ende …", beginnt er seine mutige Predigt in höchst riskanter Umgebung. *„Aber Jesus ist nicht mehr tot. Gott hat ihn auferweckt. Er lebt. Und weil das so ist, steht er mir jetzt bei. Durch seine Hilfe habe ich eine Waffe, die viel stärker ist als eure Gewehre!"*

Die Terroristen fahren erschreckt zusammen. Ein Anführer brüllt Befehle. Zwei Männer durchsuchen Singh sehr genau, spürbar ängstlich. Was könnte das nur für eine starke Waffe sein, die dieser Mann bei sich trägt?

Singh gewinnt Zeit, kann seine Gedanken sortieren. Er nutzt die Chance und legt los: *„Ihr könnt mich erschießen, natürlich könnt ihr das. Aber mit der Hilfe von Jesus wird sich das herumsprechen, überall in der Gegend. Bei meiner Beerdigung werden viele Menschen kommen. Sie werden hören, warum ich getötet worden bin. Sie werden von Jesus erfahren, für den ich gestorben bin. Und sie werden es weitererzählen, immer weiter. Mein Tod wird eine Botschaft sein. Und noch viel mehr Menschen als bisher werden hier im Dschungel von Jesus hören. Das ist eine Waffe, gegen die ihr nichts ausrichten könnt."*

Die Terroristen sind irritiert. Aufregung macht sich breit. In kleinen Grüppchen sprechen sie über das, was Singh ihnen angekündigt hat.

Nach einer Weile tritt einer der Anführer an ihn heran und verkündet die Entscheidung des sogenannten „Gerichts": Singh werde wieder freigelassen. Er könne zurück nach Hause. Aber er stehe ab sofort unter strenger Beobachtung. Dürfe nicht mehr so viel von Jesus reden. Dürfe nicht mehr taufen.

Singhs Antwort ist ein klares Nein. Unmissverständlich erklärt er, dass er diese Auflagen niemals akzeptieren wird. Es folgt eine längere Pause.

„Aber dann musst du uns künftig dein Motorrad zur Verfügung stellen, wenn wir es für unseren Kampf brauchen."

Die Terroristen versuchen, wenigstens irgendeinen Vorteil aus der Situation zu gewinnen. Auf diesen „Wunsch" geht Singh schließlich ein. Er kann die Naxaliten nicht noch mehr vor den Kopf stoßen. Das würde ihn und seine Mitarbeiter in höchste Gefahr bringen. Aber er will sich auch nicht von ihnen vereinnahmen lassen.

Nach einer Nacht im Dschungel begleiten die Terroristen ihn bis an einen Punkt, von dem aus er alleine nach Hause zurückfindet. Überglücklich kommt er nach einem Marsch von mehreren Stunden bei seiner Familie an. Doch er darf noch lange Zeit kein Wort berichten vom Volksgericht im Dschungel und von der Lebensgefahr. Auch dieses Versprechen musste er den Terroristen geben. Schließlich soll die Polizei nicht erfahren, dass sie in der Nähe sind.

In den nächsten Monaten muss er eine Gratwanderung einüben: Manchmal mitten in der Nacht suchen ihn Terroristen heimlich auf. Sie brauchen sein Motorrad. Manchmal fordern sie bei der Gelegenheit etwas Reis. Manchmal ein Nachtquartier. Manchmal soll er den Kleinbus der Mission irgendwo im Dschungel stehen lassen. Erst etliche Stunden später bekommt er ihn an einer ganz anderen Stelle zurück.

Verrückterweise leiht sich gelegentlich auch die Polizei seinen Bus für besondere Aktionen aus. Autos sind damals noch Mangelware im Dschungel.

Singh versucht den Spagat. Hält zu beiden Seiten genug Abstand. Und lässt nur so viel Nähe zu wie unbedingt nötig. Er will sich nicht einmischen in den politischen Kampf.

Doch die Lage zwischen den beiden Lagern spitzt sich zu. Das Leben zwischen den Fronten wird für die junge Familie zu heiß, zu riskant. Schweren Herzens schickt Singh in diesen Monaten seine Frau und die beiden Kinder in Sicherheit. Er kann sie nicht schützen in dem endlosen Kleinkrieg, der hier herrscht. So reist Regina mit den beiden Kindern ab in ihre Heimat nach Deutschland. Singh aber bleibt, wo er ist. Als Botschafter Jesu in einer feindseligen Umgebung.

Auch diese Situation passt für ihn zu seinem biblischen Lebensmotto. Er will sein „schweres Joch" weiter tragen. Die Familie muss dahinter zurückstehen, entscheidet er schweren Herzens.

Ein Entscheidung, die er später oft bereuen wird.

Mindestens so sehr wie die Trennung von der geliebten Familie fordert ihn eine andere Erfahrung heraus: Seine Missionsarbeit zeigt keinen Erfolg. Nur wenige Menschen besuchen seinen Gottesdienst. Seine Predigten scheinen im Nichts zu verhallen. Niemand kommt, um den Glauben anzunehmen und Christ zu werden.

Nicht leicht, in einer solchen Situation dranzubleiben.

„Ich weiß: Gott will, dass ich hier arbeite", sagt Singh sich immer wieder selbst. Aber es klingt wohl eher kleinlaut als glaubensstark. Auch wenn er es niemandem gegenüber zugibt: Er steht selbst kurz davor, alles hinzuwerfen. Aufzugeben. Den Dschungel auf dem schnellsten Weg zu verlassen.

Doch da wendet sich ein ihm noch unbekannter Mann an ihn. Auch dieser Mann wurde verschleppt und geschlagen von Terroristen. Auch er sollte gedemütigt und auf die Seite der Gewalt gezogen werden. Doch für diesen Mann stand nach den Stunden der

Lebensangst fest: Er will sich für die gute Seite entscheiden. Für die richtige Seite. Für die Seite der Liebe. Und so kommt er und bittet Singh, ihn zu taufen. Als der Mann bei der Taufe das Hemd auszieht, sieht Singh Striemen auf seinem Rücken. Blutige Andenken an die Begegnung mit den Terroristen.

Voller Anteilnahme schießt Singh durch den Kopf: Dieser Mann hat Schweres erlebt. Der wird treu zu seinem Glauben stehen. Und das wird auch andere Menschen beeindrucken.

Genau so geschieht es. Wie durch ein Wunder kommen nach dieser Taufe mehr und immer mehr Menschen zu Singh. Auch sie wollen die Taufe empfangen. Dabei wartet kein einfaches Leben wie im Rosengarten auf sie. Sondern ein Weg voller Dornen.

Eine junge Frau beispielsweise, hochschwanger, kommt bei einem Brandanschlag ums Leben. Die Terroristen haben ihr das Haus über dem Kopf angesteckt, um sie zu bestrafen. Sie hatte sich für Christus entschieden und damit aufgehört, den Terroristen Informationen zu liefern. Das wollten die nicht hinnehmen. Die Frau hatte schon vorher mit dieser Gefahr gerechnet. Und Singh gebeten: *„Falls ich getötet werden sollte, sorge bitte für eine Beerdigung, bei der nicht getrauert wird. Ich werde Jesus sehen. Das sollst du allen Besuchern sagen.“*

Singh nimmt ihren Wunsch ernst. Kämpft selbst gegen die Tränen und die Trauer. Spricht von ihrer Ablehnung der Gewalt. Von ihrer Freude, selbst im Angesicht des Todes. Und erlebt, wie Menschen beeindruckt und bewegt durch dieses Vorbild selbst auf Jesus zugehen wollen.

Gerade in diesen schweren Anfangsjahren seiner Arbeit im Dschungel vergießen tapfere Männer und tapfere Frauen ihr Blut, weil sie sich für Jesus entscheiden. Sie erleben Spott, Verachtung, Schläge. In manchen Fällen den Tod. Aber durch ihr Vorbild wächst die Kirche. Immer mehr Menschen kommen dazu.

Singh und seine Gemeinde erleben Einschüchterungsversuche und einen Brandanschlag. Terroristen und fanatische Hindus wechseln sich mit Angriffen gegen sie ab. Bei öffentlichen Veranstaltungen ziehen Gegner auf und versuchen lautstark zu stören. Medizinmänner stoßen Verwünschungen aus.

Singh wird durch jeden dieser Angriffe tief erschüttert. Und erlebt doch gleichzeitig: Jeder neue Angriff macht ihn fester, sicherer, zuversichtlicher.

So verrückt es auch klingen mag, seine Gegner, seine Feinde sorgen in dieser Phase dafür, dass er Profil bekommt und sich seiner Sache immer sicherer wird. Denn er sieht: Die Kirche wächst in der Bedrohung. Gott wirkt gerade da, wo die Schwäche seiner Leute sichtbar wird.

Eins aber geht dem äußerlich so stark und sicher wirkenden, innerlich aber feinfühlig-sensiblen Pastor damals wie heute sehr an die Nieren: üble Nachrede. Verleumdung. Lügen über ihn, die hinter seinem Rücken verbreitet werden. Sein Ruf solle immer wieder einmal ganz gezielt beschädigt werden, berichtet er. Durch bösartige Gerüchte. Verdrehung von Tatsachen. Aus der Luft gegriffenen Anschuldigungen. Jahr für Jahr mischt sich unter seine Geburtstagspost ein Brief eines anonymen Gegners, der ihn mit übelsten Vorwürfen überschüttet. Dazu kommen Anschuldigungen und Drohungen am Telefon. Bis heute.

„Ich habe mich nach solchen Angriffen oft gefragt, ob ich von meinem Amt zurücktreten soll“, sagt ein nachdenklicher, selbstkritischer Singh. Ich kann seine Verletzlichkeit und seine Selbstzweifel spüren.

Einmal muss er erleben, wie eine Fülle von Angriffen ihn in die Knie zwingt. Er ist fertig. Ausgebrannt. Braucht dringend eine längere Auszeit, in der er sich erholen und neu ausrichten kann. Das

Joch, das er zu tragen hat, lastet unerträglich schwer auf ihm. Zu schwer.

Aber Gott hilft ihm, diese Last zu tragen. Im Dschungel von Siler. In der Kirchenleitung in Visakhapatnam. Und an jedem Tag seines Lebens.

Gemeinsam mit engen Freunden und Mitarbeitern prüft er die Angriffe. Und er prüft auch sich selbst. Betet um gute und wegweisende Entscheidungen. Und setzt die wichtige Arbeit fort.

„Ich stehe auf gutem Grund", sagt er. *„Und ich vertraue darauf, dass die Menschen mir trotz all der Angriffe und Gerüchte weiter vertrauen."*

„Dieser Mann ist absolut glaubwürdig", kommentieren langjährige Freunde wie Lydia und Fritz Schanz aus Wildberg im Schwarzwald. Allen Gerüchten und allen Verleumdungen zum Trotz. *„Wir haben Singh in sehr unterschiedlichen Situationen erlebt, manchmal auch in recht schwierigen Lagen. Immer war er glaubhaft und überzeugend, immer setzte er sich ein für das Wohl der Menschen, die Gott ihm anvertraut hat. Ein durch und durch überzeugender Christ, Pastor und Bischof!"*

Lydia Schanz macht nach diesen großen Worten eine Pause. Dann schließt sie ihr Kompliment ab: *„Für mich ist Singh ein Vorbild – im Glauben und im ganz normalen Leben!"*

10

VERGEBUNG IST MÖGLICH

Zehn Jahre alt etwa ist Naidu, als die Männer mit den Gewehren zum ersten Mal zu ihm kommen. Zu ihm, dem Steppke aus dem kleinen Dorf am Rande der Zivilisation. Der mit seinen Eltern in einer armseligen Hütte irgendwo tief im Siler-Dschungel lebt. In einem Dorf, in dem jeder jeden kennt. In dem natürlich auch jedes Kind etwas ahnt von dem Krieg zwischen Staatsmacht und selbsternannten Freiheitskämpfern. Und sich davor fürchtet.

Viel Blut ist schon geflossen in den letzten Jahrzehnten. Die sogenannten „Naxaliten" wehren sich gegen jeden Einfluss von außen, gegen Straßen und Stauseen, gegen Fortschritt und Zentralregierung. Ihren Kampf für Unabhängigkeit, Freiheit und Gerechtigkeit – oder besser gesagt: für das, was sie darunter verstehen – führen sie erbittert. Mit allen Mitteln. Ohne Rücksicht auf Verluste.

Jetzt stehen einige dieser Naxaliten vor Naidus Hütte. Sprechen mit ihm und seinen Eltern. Laden ihn ein, bei ihnen mitzumachen. Eine Art Kindergruppe haben sie da. Eine Mischung aus „Pfadfindern", „Hitlerjugend" und „Jungen Pionieren". Mit Spaß und Gemeinschaft. Aber letztlich mit dem Ziel, Nachwuchs und Fußvolk für ihre Bewegung zu rekrutieren.

Naidu kann das alles nicht einschätzen. Weiß nicht recht, worauf er sich da einlassen würde. Doch schnell wird ihm klargemacht: Das hier ist keine Frage. Das hier ist ein Befehl.

„Sie haben mich gezwungen mitzumachen“, erklärt er mir, als wir zwei Jahrzehnte später in einem größeren Dschungeldorf zusammensitzen. *„Ich wollte eigentlich nicht. Ich musste.“*

Die Kämpfer machen ihm klar: Ihr „Volksgericht“ hat entschieden. Keine Widerrede. Und so beginnt der Junge seine Karriere als Terrorist. Zusammen mit anderen Kindern bekommt er anfangs leichte Aufgaben: Plakate kleben, die zum Kampf aufrufen. Banner zwischen zwei Bäume hängen. Handzettel unter die Leute bringen.

Bald werden die Aufgaben delikater, risikoreicher. Kinder fallen nicht auf, wenn sie durch die Dörfer laufen oder auf Straßen Ausschau halten. Sie können als harmlos wirkende Beobachter Informationen liefern. Wo ist gerade Polizei unterwegs? Rückt das Militär an? Welche Straßenkreuzung wird gerade auffällig stark überwacht? Naidu sieht sich um. Und meldet seine Beobachtungen. Für ihn ist der Einstieg in die Bewegung nur ein Spiel. Eine Schnitzeljagd gegen tatsächlich existierende Gegner. Als die Kämpfer bemerken, wie eifrig Naidu dabei ist, wie zuverlässig er seine Aufgaben erfüllt, trauen sie ihm immer schwierigere Projekte zu: Er wird als Beobachter bei Sprengfallen postiert. Er meldet es, wenn die potenziellen Opfer näherkommen. So gerät der kleine Naidu immer mehr in den bewaffneten Kampf. Wird ein Kindersoldat.

„Mir hat das richtig Spaß gemacht, als ich endlich selbst bei Bombenanschlägen mitmachen durfte. Ich fühlte mich als Held“, erzählt er mir rückblickend. So ganz scheint er das aber auch Jahre danach nicht verstehen zu können.

Vor mir sitzt ein stiller, dunkler Mann. Irgendwo zwischen dreißig und vierzig Jahren. Weißes Hemd. Graue, leichte Hose. Keine Schuhe an den Füßen. Zurückhaltend. Leise. Beinahe sanft.

Sein Bericht wirkt wie das krasse Gegenteil seiner Erscheinung: *„Als ich etwa zwanzig Jahre alt war, holten sie mich ganz zu sich. Für* *mich war das eine große Ehre. Ich hatte inzwischen so oft die Propagandasprüche der Bewegung gehört, dass ich selbst dran glaubte: Niemand darf uns etwas wegnehmen. Keiner von außen darf uns reinreden. Wir kämpfen für Gerechtigkeit und Freiheit!*"

Das Feindbild ist klar: die verhasste indische Regierung im fernen Neu-Delhi. Natürlich ihre Vertreter hier im Siler: jeder Polizist und jeder Soldat. Und überhaupt jeder, der nicht für die Bewegung ist. Also auch jeder Pastor der Nethanja-Kirche.

Naidu überzeugt seine Kommandanten durch Leistung. Er wird „befördert", darf als Teil eines „Aktionskommandos" Bomben legen und Überfälle auf die Staatsmacht durchführen. So wird Naidu zum „Profi". Seine Nachbarn im Dorf werden von der Bewegung gezwungen, seine Felder mit zu bebauen, ihn zu versorgen. Seine ganze Zeit und seine ganze Kraft soll er für den Kampf verwenden können.

Inzwischen kennt der junge Mann aus dem Dschungel kein Pardon mehr. *„Ich war bereit zu töten"*, sagt er mir. Befehl ist Befehl. Wenn er den Auftrag dazu bekommt, bedroht er Menschen. Er beraubt sie. Er schüchtert sie ein. Er schlägt zu. Er schießt auf sie. Er bombt. Gewissensbisse bekommt er nur, wenn eine geplante „Aktion" fehlschlägt und die Opfer sich retten können.

„Drei Menschen habe ich getötet", gesteht er mir. „Mit meinen eigenen Händen.

Einen Polizeichef. Einen Förster. Einen Wachmann."

Dann sagt Naidu erst einmal nichts mehr.

Ich halte den Atem an. Sehe mir den bescheidenen Mann mir gegenüber noch einmal genau an. Beim besten Willen kann ich mir diese Brutalität und diese Menschenverachtung nicht vorstellen. Ein dreifacher Mörder. Er handelte aus Motiven, die er damals für ehrenwert hielt. Aber eben ohne Skrupel. Unfassbar.

Eines Tages bekommt Naidu von den Kommandanten eine neue Aufgabe. Er soll ein paar Pastoren der Nethanja-Kirche einschüchtern.

„Wir sollten diese Pastoren bedrohen. Der Weg, auf den sie die Leute einluden, passte nicht zu dem Weg, auf den wir die Leute zwingen wollten“, sagt er heute. *„Wir sammelten ein paar dieser Pastoren. Wir richteten unsere Gewehre auf sie. Wir drohten ihnen das Schlimmste an, wenn sie weiter predigen und von diesem Jesus erzählen würden. Aber sie hatten keine Angst vor uns. Auch in den nächsten Monaten nicht. Im Gegenteil: Je mehr wir sie bedrohten, desto mehr Zulauf bekamen sie.“*

Bis schließlich auch Naidus eigene Frau zu den Pastoren geht und ihnen zuhört. Und nach einer Weile Christin wird. Naidu ist rasend vor Wut. Er verprügelt seine Frau, verbietet ihr, zur Gemeinde der Christen zu geben. Vergeblich.

Dann bekommt Naidu Kopfschmerzen. Immer schlimmer pocht und schmerzt es unter seiner Schädeldecke. Permanent. Tag und Nacht. Für ihn nicht auszuhalten. Kein Medikament bringt Linderung. Monatelang kann er keinen klaren Gedanken fassen. Sein Kommandant schickt Naidu oft nach Hause, wenn er nicht mehr kann. Er soll sich ausruhen, soll gefälligst wieder gesund werden. Nur noch zu kleineren Einsätzen holt man ihn als Reserve.

Naidus Frau betet in dieser Zeit treu um Heilung für ihren Mann. In seiner Verzweiflung stimmt er zu, als sie ihm anbietet: *„Ich kann meinen Pastor holen. Einen Mann Gottes. Der soll für dich beten.“*

Der Pastor kommt. Betet mit Naidu. Schenkt ihm eine kleine Bibel. Naidu steckt das Buch weg, genau in die Tasche, in der er seine Munition aufbewahrt.

Wenig später soll er bei einem Einsatz Wache schieben. Um sich die Zeit zu vertreiben, schlägt er das Buch auf. Irgendwo. Er liest.

Die erstbesten Worte, die er vor sich sieht. Ausgerechnet den Jakobusbrief, Kapitel 4. Die Verse 1 und 2: *„Woher kommt der Kampf unter euch, woher der Streit? Kommt's nicht daher, dass in euren Gliedern die Gelüste gegeneinander streiten? Ihr seid begierig und erlangt's nicht; ihr mordet und neidet und gewinnt nichts; ihr streitet und kämpft und habt nichts, weil ihr nicht bittet."*

Volltreffer.

Naidu ist tief erschüttert. Jeder Satz trifft ihn, als sei er für ihn ganz persönlich geschrieben worden.

„Bis zu diesem Augenblick hatte ich mich kein bisschen für Gott interessiert. Das Wort ‚Gott' kam in meinem Leben gar nicht vor", erzählt er mir. Doch das Vorbild seiner Frau und diese unerwarteten Sätze in der Bibel bringen ihn ins Grübeln.

Naidu zieht alleine los, verkriecht sich in der Nähe eines Wasserfalls im Dschungel. Dort legt er sich auf den Boden und spricht das erste Gebet seines Lebens: *„Wenn es dich gibt, Gott, dann heile mich von diesen fürchterlichen Schmerzen! Und wenn du das tatsächlich machst, dann werde ich den Weg der Gewalt verlassen."* Stundenlang liegt er da und betet wieder und wieder diese Worte. Dann schläft er erschöpft ein.

Am nächsten Morgen erwacht er. Ohne Kopfschmerzen. Er reckt den Hals, er schüttelt, dreht und wendet ihn. Keine Schmerzen. Doch noch ist Naidu nicht ganz überzeugt. Er will erst einige Tage abwarten. Will sehen, ob die Schmerzen tatsächlich nicht wiederkehren.

Nachts wird er wach. Ein ungewöhnlicher Traum schreckt ihn auf. Er sieht sich selbst. Im Traum steht er vor einem verdreckten, schlammigen Fluss. Doch oberhalb des Flusses kommt ihm eine strahlende Gestalt entgegen, ganz in Weiß. Diese Gestalt will ihm einen Weg zeigen. Den Weg zu einem Land voller Liebe, voller Frieden, voller Gerechtigkeit. Ein Bild, das Naidu nicht mehr loslässt.

Aber immer noch ist er nicht ganz überzeugt. Eine Weile führt er ein Doppelleben. Besucht hin und wieder einen Gottesdienst. Liest auch ab und zu in der Bibel. Doch Naidu „arbeitet" weiterhin für die Bewegung. Ein Leben zwischen Gemeinde und Terrorgruppe.

Ausgerechnet an einem Tag, an dem er mal wieder einen Gottesdienst besucht, werden einige seine Kampfkameraden von der Polizei geschnappt und verhaftet. Normalerweise wäre er genau dort gewesen, wo sie gefangen genommen werden.

Doch er sitzt stattdessen im Gottesdienst. Und hört, wie der ahnungslose Pastor über einen Satz Jesu spricht: *„Wer zum Schwert greift, wird durch das Schwert umkommen"* (Matthäus 26,52).

Naidu erinnert sich an alles, was er bisher über den christlichen Glauben gehört und was er schon mit Gott erlebt hat. Er trifft eine radikale Entscheidung. Macht Schluss mit dem Terror. Will sich den Weg in das neue Land zeigen lassen, den er im Traum vor sich gesehen hat. Als er das den Kameraden beichtet, schlagen die ihn zusammen und drohen an, ihn umzubringen.

Doch Naidu bleibt standhaft. Nach einem Gespräch mit Singh, der gerade im Siler-Dschungel zu Besuch ist, wagt er einen tapferen Schritt: Er stellt sich der Polizei. Wird verhaftet und sieben Tage lang verhört. Gibt alle Morde zu. Alle Gewalttaten, an denen er beteiligt war. Verrät aber keine Details über seine Kameraden. Keine Namen. Keine Strategien. Keine Pläne. Keinen Aufenthaltsort.

Nach einer Woche ist Naidu ein freier Mann. Das indische Gesetz gewährt in solchen Fällen Amnestie. Wer sich freiwillig stellt und gesteht, der wird nicht für das bestraft, was er getan hat. Dieses Gesetz soll Terroristen den Ausstieg erleichtern. Naidu ermöglicht es den Einstieg in ein neues Leben. Ohne Gewalt.

Kameswarao erzählt mir eine ähnliche Geschichte. Auch er kann beschreiben, wie er Schritt für Schritt in die Bewegung hineingeriet. Und dort immer mehr Verantwortung übernahm. Achtzehn Jahre alt ist Kameswarao, als er von den Naxaliten Überraschungsbesuch bekommt. *„Unsere Feinde sind die Reichen und die Regierung“*, sagen sie ihm. Es braucht nicht allzu viel Überredungskunst. Er schließt sich dem Kampf an. Anders als Naidu aber wird Kameswarao eingesetzt für Hintergrundaufgaben wie Propaganda und Aufklärung. Er spricht mit Dorfbürgermeistern und setzt sie unter Druck. Er versucht neue Kämpfer zu gewinnen – mit Argumenten und Einschüchterungen. Er meldet Menschen, die sich weigern, mit der Bewegung zusammenzuarbeiten. So entscheidet er maßgeblich mit darüber, wer in Angst und Schrecken versetzt wird, wer bedroht und verprügelt wird. Und wer eine Kugel in den Kopf bekommt.

Als er mir davon berichtet, blickt er auf den Boden. Ich spüre, wie abgrundtief er sich schämt, wie sehr ihn das quält, was er gleich erzählen wird.

„Zehn Menschen habe ich ans Messer geliefert. Sie mussten sterben, weil ich sie der Bewegung gemeldet habe. Unter ihnen war auch ein Pastor der Nethanja-Kirche.“

Kameswarao hat ein freundliches, offenes Gesicht. Knapp dreißig Jahre jung dürfte er sein. So ganz genau kennt hier im Dschungel niemand sein Geburtsdatum. Als wir uns eben zum ersten Mal vorgestellt haben, sah er für mich aus wie ein netter junger Mann, der sich das fröhliche Lachen eines Jungen bewahrt hat. Jetzt wirkt er finster und undurchdringlich, als wolle er nicht weitererzählen. Doch sein Bericht ist noch nicht zu Ende.

„Eines Tages hatten wir einen großen Einsatz. Unser ‚Aktionskomitee‘ überfiel einige Läden in einem Dorf. Wir schleppten Reis und andere Lebensmittel für uns weg, dann zündeten wir die Häuser an. Im Dorf brach Chaos aus, alle rannten durcheinander. Aber ich sah auch

einen Pastor der Nethanja-Gemeinde. Der blieb ganz ruhig, betete und packte zu. Ein Fels in der Brandung. Das hat mich sehr beeindruckt."

Bei Kameswarao vergehen noch einige Jahre, bevor er diesen ersten Impuls ernst nimmt. Und sein Leben radikal verändert. Er hört immer wieder genau zu, wenn er mitbekommt, was die Nethanja-Pastoren über Liebe und Vergebung sagen. Immer mehr plagt ihn sein schlechtes Gewissen. Immer stärker wächst eine Sehnsucht in ihm. Er will sein Leben in Ordnung bringen. Vergebung finden.

Irgendwann sucht er einen Pastor auf. Beichtet. Fleht um Vergebung. Sucht Hilfestellung auf dem Weg zu einem Neubeginn. Kameswarao macht reinen Tisch. Auch er stellt sich der Polizei. Und er will bei denen um Entschuldigung bitten, die er in tiefe Trauer gestürzt hat.

Eines Tages steht er vor einer Hütte. Mit weichen Knien und klopfendem Herzen. Er besucht die Witwe des Pastors, den er an die Mörder gemeldet hatte. Sie empfängt ihn. Die ganze Familie heißt ihn willkommen.

Dann muss er sich ihren Fragen stellen: *„Warum hast du meinen Mann getötet? Warum musste unser Vater, unser Sohn sterben?"* Diese Fragen bewegen ihn tief. Erst jetzt versteht er wirklich, was er angerichtet hat. Er hat einer Frau ihren Mann genommen. Kindern ihren Vater. Eltern ihren Sohn.

Kameswarao bittet unter Tränen um Vergebung.

„Ich konnte es nicht glauben: Sie haben mich trotz allem aufgenommen, als sei ich Teil ihrer Familie", berichtet er mir. *„Wir saßen da und weinten lange gemeinsam um den Mann, für dessen Tod ich verantwortlich war."*

So ist Vergebung.

Kameswarao macht es sich nicht leicht mit seiner Vergangenheit. Bis heute quält ihn die Schuld, die er auf sich geladen hat. Und er überlegt, wie er gerade deshalb Zeichen von Frieden und Versöhnung setzen kann.

Auch Naidu bereut seine Taten zutiefst. Beide leben von der Vergebung. Sie sind dankbar dafür, dass Jesus bei seinem Tod am Kreuz all das auf sich genommen und getragen hat, was Menschen an Schuld aufhäufen.

Heute sind die beiden früheren Terroristen Naidu und Kameswarao Pastoren der Nethanja-Kirche. Sie schlagen die Handtrommel und begleiten damit den Gesang ihrer Gemeinde. Mit ihrem Leben wollen sie Vorbilder der Liebe Gottes sein. Das alte Leben haben sie abgelegt. Und gleichzeitig auch ihre alten Namen. Naidu hat bei seiner Taufe den Namen Abraham bekommen. Und aus Kameswarao ist David geworden. Beide kümmern sie sich um Gemeinden in kleinen Dschungeldörfern. Versuchen gute Hirten zu sein – denn genau das bedeutet das Wort „Pastor".

Ihre Predigten über Schuld und Vergebung haben besondere Tiefe und bewegen Menschen.

Bis heute treffen sie aber auch auf Menschen, die sich vor ihnen fürchten, die ihnen die Umkehr nicht wirklich abnehmen. Bis heute drückt sie die Last dessen, was sie nicht mehr rückgängig machen können. Aber sie spüren: Wir haben uns für den richtigen Weg entschieden. Sie sind auf dem Weg in das gute, neue Land. Setzen sich mit ganzer Kraft ein für Frieden, Freiheit und Gerechtigkeit der Menschen im Siler-Dschungel. In einem ganz anderen Sinne, als sie das früher verstanden haben. Und mit ganz anderen Waffen: mit dem Wort Gottes. Mit der Trommel, die den Gesang der Gemeinde begleitet. Und mit Liebe und Vergebung.

Ich verabschiede mich von Abraham und David. Nicht zu fassen, was diese beiden freundlichen Männer hinter sich haben. Regelrecht unwirklich kommt mir vor, was sie mir erzählt haben. Terror und Gewalt, hier in dieser verschlafenen Gegend der Welt? Haben die beiden vielleicht ein bisschen dick aufgetragen?, zweifle ich einen Moment lang.

Eine Straßensperre im Dschungel holt mich zurück in die Wirklichkeit. Als ich vor zwei Jahren hier vorbeikam, saß nur ein gelangweilter Soldat an einem Schlagbaum und ließ jedes Auto durch, das sich hierher verirrt hatte. Heute ist Gedränge am Schlagbaum. Wenn ich es in der Eile richtig zähle, sind zehn Mann oder mehr mit umgehängten Waffen vor Ort. Die meisten in Uniform. Alle sichtlich aufgeregt. Ein Wortwechsel mit unserem Fahrer. Singh schaltet sich ein. Es geht ein paar Minuten hin und her, dann öffnet sich die Schranke. Wir werden durchgelassen. Man schickt uns ein paar Grüße nach. Kontrolliert nervös sofort das nächste Auto direkt hinter uns.

Was war da los?, frage ich mich. Und kann mir die Antwort doch selbst geben: Die Naxaliten sind wieder unterwegs, irgendwo hier in der Nähe. Militär und Polizei sind in hoher Alarmbereitschaft. Die Bevölkerung zittert.

Die Botschaft von Frieden und Versöhnung ist noch längst nicht überall angekommen.

11

ZWISCHEN ZWEI WELTEN

„Das kann ich doch unmöglich essen!"

Das erste Abendessen in der neuen Heimat ist eine echte Herausforderung. Der junge Theologiestudent aus Indien erlebt in Schwaben einen Kulturschock. Er kann nicht fassen, was die Hausfrau da vor ihm auf dem Tisch aufgebaut hat.

Dabei ist dieser Esszimmertisch in Altdorf bei Tübingen festlich und liebevoll gedeckt. Die Gastgeber sind ausgesprochen freundlich zu ihm. Sie freuen sich über den exotischen Besuch. Die Atmosphäre könnte eigentlich kaum besser sein. Doch auf dem Tisch steht Ungewohntes – jedenfalls für Singh Komanapalli: gekochte Eier. Rohe Tomaten. Viel grüner Salat.

„Was für eine seltsame Vorspeise", überlegt Singh. Natürlich traut er sich nicht, seine Gedanken auszusprechen: *„Soll das grüne Zeug da auf dem Tisch wirklich gegessen werden oder ist das nur Dekoration?"*

Aber dann stellt er verwundert fest: Die anderen essen das. Er reißt sich zusammen und überwindet seine Abneigung. Seine älteren Brüder haben es schließlich auch geschafft. Sie leben und lernen inzwischen alle in Deutschland und haben irgendwie in die merkwürdigen Sitten dieses Landes hineingefunden. Also, Augen zu und durch: Singh greift zu. Und nimmt sich notgedrungen auch etwas von dem „Grünzeug" aus der Schüssel. *„Das müssen aber arme Leute* *sein, wenn die sogar Gras essen müssen"*, denkt er. *„Was füttern die dann an ihre Ziegen?"*

Singh versucht tapfer und höflich zu bleiben. Aber er fragt sich während der gesamten Mahlzeit, wie er das nur aushalten soll. Er ist schließlich nicht nur für ein paar Tage als Tourist hier. Er ist nach Deutschland gekommen, um die Sprache zu lernen. Und er will sich auch theologisch weiterbilden. Die Bibelschule in Indien hat er erfolgreich abgeschlossen. Am Goethe-Institut im indischen Pune hat er schon ein halbes Jahr lang die Grundbegriffe der deutschen Sprache kennengelernt. Jetzt haben seine Freunde, die jungen Pfarrer Heiko Krimmer und Reinhold Rückle, alles in Deutschland vorbereitet. An der renommierten Tübinger Universität soll Singh im Jahr 1980 damit beginnen, ein paar Semester Theologie zu studieren. Reizende Aussichten – wenn da nicht das grüne Zeug auf seinem Teller wäre …

Doch Singhs Gastgeber sehen ihm an, dass er mit dem Salatarrangement zu kämpfen hat. Sie lernen schnell. Und stellen sich liebevoll auf den Gast ein. Reis mit Hähnchenschenkeln wird beim nächsten Besuch für ihn zubereitet. Eine Mahlzeit, die er richtig genießen kann. Fast wie zu Hause in Indien. Allerdings wird hier in Schwaben nicht mit den Fingern gegessen. Sondern mit Messer und Gabel.

Auch Singh lernt. Allmählich freundet er sich mit der schwäbischen Küche an. Erstaunlich: Immer mehr werden Rostbraten, Spätzle und viel Soße zu seinem Leibgericht. Das Verhältnis zum Salat dagegen bleibt eher zurückhaltend. Trotzdem: Zumindest bei Tisch ist er in seiner neuen Heimat angekommen.

Beim Studium aber tut er sich deutlich schwerer. An der theologisch konservativ geprägten Bibelschule in Indien hatte er intensives Bibelstudium erlebt. Eine Begeisterung für Mission und Evangelisation. Ein intensives Ringen um die Frage, was Jesus seinen Leuten wohl mit dieser oder jener Bibelstelle sagen möchte. An der Uni in Deutschland geht es ganz anders zu. Da wird kaum in der Bibel gelesen, beobachtet Singh. Stattdessen wird dauernd über Theologen wie Barth und Bultmann diskutiert. Viele seiner Kommilitonen wissen offensichtlich gar nicht, warum sie sich überhaupt mit der Bibel und mit der Theologie beschäftigen. Sie fühlen sich nicht dazu berufen, Pfarrer zu werden. Singh empfindet etliche von ihnen eher als „theologische Profis". Und nicht als Diener Gottes mit einer Berufung.

„Theologisch habe ich am Anfang nicht viel gelernt, aber die Gemeinschaft mit so ganz anders geprägten Christen war eine große Bereicherung für mich", urteilt Singh in der Rückschau.

Er nimmt sich vor: Ein Jahr will er durchhalten, zwei volle Semester. Zur Erweiterung seines Horizonts. Und seiner Sprachkenntnisse. Und um Kontakte zu schließen und zu pflegen.

Doch dann begegnet er Regina. Einer waschechten Schwäbin. Einer fröhlichen Christin mit dem Herzen auf dem rechten Fleck. Singh verliert sein Herz an diese Frau. Verliebt sich über beide Ohren. Obwohl oder weil Regina doch in einer völlig anderen Welt zu Hause ist als er.

In Indien würde eine Liebesgeschichte unter solchen Umständen gar nicht erst beginnen. Dort suchen die Eltern nach der „passenden" Frau für ihren Sohn. Berücksichtigen dabei Herkunft, gesellschaftlichen Status und tausend andere Details. Doch Singh setzte sich über alle Traditionen hinweg. Er hat sich entschieden. Gegen die indische Sitte. Für Regina.

Sobald er kann, fliegt er nach Hause. Dort wimmelt es im gesamten Elternhaus von Menschen, als er ankommt. Familienangehörige, Nachbarn, Freunde, die ihn sprechen und mit ihm Zeit verbringen wollen. Dieses Mal sind die Besucher ihm lästig. Er hat andere Pläne. Bittet um einen Gesprächstermin unter sechs Augen. Nur die Eltern und er. Zum ersten Mal in seinem Leben. Ziemlich ungewöhnlich.

Und dann stammelt er, was möglichst schnell heraus muss: *„Ich will heiraten. Ich will eine Frau aus Deutschland heiraten."*

Die Eltern sind erst schockiert. Dafür haben sie ihren Jüngsten nicht in die Ferne ziehen lassen. Doch bald merken sie: Da ist nichts mehr zu machen. Ihr Sohn ist unsterblich verliebt. So stimmen sie schweren Herzens zu.

Allerdings unter einer Bedingung: Die Frau habe nach der Hochzeit mit nach Indien zu kommen. Und sie habe die hiesige Tradition zu respektieren. Sich in die Großfamilie einzufügen.

Singh kann noch nicht überschlagen, was für eine schwere Last er seiner künftigen Ehefrau mit der Zusage auflädt. Überglücklich fliegt er zurück nach Deutschland. Die Hochzeit wird geplant und dann gefeiert. Ein großes Fest mit schwäbischen Freunden. Mit viel Reis, aber auch viel grünem Salat.

Voller Stolz fliegt er dann mit seiner jungen Frau zurück in die Heimat. Stellt sie – wie üblich – überall vor. Ganz unbewusst verwandelt er sich dabei allmählich wieder zu dem, der er früher war: In Narsapur wird er wieder der Sohn seiner indischen Eltern. Und ist nicht mehr in erster Linie der Ehemann seiner jungen deutschen Frau.

Das Leben in Südindien ist so ganz anders als das in Süddeutschland. Vor allem die Art und Weise, eine Ehe zu leben. Ein indisches Sprichwort sagt: *„Wenn ein Mann mit seiner Frau spricht, dann wird er ihr Sklave."* Gespräche sind nicht üblich zwischen Eheleuten. Die Frau hat dem Mann zu dienen. Ihm seine Wünsche von den Augen abzulesen. Ganz so weit würde Singh nicht gehen. Doch auch er überlegt damals: *„Was denken die Leute bloß, wenn meine Frau mich öffentlich beim Vornamen nennt und mich duzt?"*

Die erste Zeit der Ehe innerhalb der Großfamilie muss eine Tortur für seine Frau gewesen sein. Erzählt er mir viele Jahre später. Dabei wirkt er nachdenklich. Traurig. Erschüttert.

„Regina hat sehr viel gelitten. Sie war sehr einsam. Sie musste so viele unausgesprochene Erwartungen erfüllen. Musste lernen, wie man auf dem offenen Feuer kocht. Sie musste den Haushalt führen nicht nach schwäbischen, sondern nach indischen Traditionen. Es war schlimm", sagt Singh in der Rückschau, wenn er an diese Lebensphase denkt.

Als junger Ehemann ist er noch nicht so weit, die Lage klar zu sehen. Im Gegenteil: Er bürdet seiner jungen Familie noch viel stärkere Belastungen auf. Zum Beispiel bei der ersten strapaziösen Fahrt in Richtung ihres neuen Einsatzorts im Siler-Dschungel. Schon bei der langen Busfahrt von Bombay nach Hyderabad fällt die Lichtmaschine aus. Vater, Mutter und ihr erstes Baby müssen eine unbequeme Nacht zusammen mit den anderen Fahrgästen im Bus verbringen.

Bei Tageslicht geht es weiter, aber die Kühlung im Bus springt nicht an. Eine Tortur beginnt. Bei bis zu fünfzig Grad im Schatten verderben sämtliche mitgebrachten Lebensmittel. Regina bekommt Fieber und Durchfall. Ihr Körper ist die Strapazen einfach nicht gewöhnt.

Schließlich landen Komanapallis im Dschungelstädtchen Sileru. Ein Nest. Wenige Hundert Menschen, weit weg von der Zivilisation. Eine Durchgangsstraße. Kaum ein Auto. Kein Telefon. Kein Strom.

Regina kämpft. Kümmert sich aufopfernd um die inzwischen zwei kleinen Kinder. Lernt mit den indischen Lebensverhältnissen klarzukommen. Hält das winzige Haus in Schuss. Bringt Essen auf den Tisch, auch ohne Gas und Strom. Kann sich immer besser verständigen und mitteilen. Während ihr Mann mit dem Motorrad manchmal tagelang zu Missionseinsätzen unterwegs ist, hält sie ihm zu Hause den Rücken frei.

Insgesamt etwa fünf lange Jahre lang bleibt die junge Familie im Dschungel. Mit einer Unterbrechung, als die Sicherheitslage wegen der zunehmenden Terroristen-Aktivität zu gefährlich wird und Regina mit den Kindern nach Deutschland fliegen muss.

„Mein Herz blutet, wenn ich heute daran denke", kommentiert Singh in der Rückschau. *„Ich habe nicht gesehen, was ich meiner Familie alles zugemutet habe. Habe mich nie gefragt, was meine Frau brauchen könnte. So dumm war ich. Typisch für einen indischen Mann."*

Auch die nächste Lebensphase wird für Familie Komanapalli keine einfache Zeit. Man siedelt in die Küstenstadt Visakhapatnam um. Zieht zusammen mit achtzig heimatlosen Kindern, die in einem Kinderhaus ihre neue Heimat gefunden haben. Singhs Kinder wachsen so mit Dutzenden von „Geschwistern" auf. Eine gewaltige Herausforderung für alle Beteiligten.

Doch das Leben in der großen Stadt bringt auch Vorteile mit sich. Von Visak aus ist es leichter, nach Deutschland Kontakt zu halten. Besucher aus Reginas Heimat kommen, besichtigen die Arbeit, erkundigen sich nach Komanapallis, pflegen Kontakt. Man spricht miteinander. Man betet miteinander. Man erlebt geistliche Gemeinschaft über alle Grenzen hinweg.

Wie gut das tut, empfindet Singh. Die Beziehung zwischen Indien und Schwaben wächst. Reginas und Singhs Kinder, vier Mädchen und ein Junge, bekommen viel von beiden Kulturen mit. In manchen Bereichen ihres Lebens sind sie heute ganz und gar deutsch. In anderen ganz und gar indisch. Die meisten leben – zum Teil mit ihren Familien – in Deutschland. Auch wenn ihre Heimat Indien ist und bleibt.

Und auch Singh selbst merkt, dass zwei Herzen in seiner Brust schlagen: ein indisches und ein deutsches. *„In Sachen Pünktlichkeit* *bleibe ich eher indisch"*, lacht er. *„Aber in Sachen Lockerheit könnten manche Deutschen etwas von uns Indern lernen. Die Deutschen wollen immer in allen Dingen perfekt sein, nichts darf schieflaufen. Es würde ihnen guttun, manchmal etwas lockerer zu sein."*

Singh bleibt Inder, fühlt sich auf Dauer in seinem Geburtsland wohler als in Deutschland. Warum?

„Mein Auftrag ist in Indien", sagt er und betont jedes einzelne Wort.

„Wenn ich immer in Deutschland sein müsste, würde ein Teil von mir absterben."

Zwei-, dreimal im Jahr macht er sich von Indien aus auf die weite Reise nach Deutschland. Besucht hier seine Kinder und Enkelkinder. Hält auch nach der Scheidung Kontakt zu Regina. Trifft Freunde und Unterstützer der Nethanja-Kirche. Spricht unermüdlich bei Informationsveranstaltungen und predigt in Gottesdiensten. Berichtet von der Arbeit, die sein Herz erfüllt. Von dem Auftrag, der ihn immer in Indien halten wird.

Und er freut sich, wenn es schwäbischen Rostbraten mit Spätzle gibt. Oder Laugenbrezeln. Oder Maultaschen.

Salat aber zählt nach wie vor nicht zu seinen Lieblingsspeisen.

12

DAS LÄCHELN DER NAGA LAKSHMI

Wie genau könnte ich dieses unwiderstehliche Lächeln beschreiben? Bezaubernd? Charmant? Gewinnend? Passt alles fast, aber nicht ganz genau. Ich hab's: Das Lächeln der jungen Lehrerin im Klassenzimmer der fünften Klasse ist *ansteckend*. Ungeheuer ansteckend.

Ich sehe Naga Lakshmi bei der Arbeit zu. Beobachte, wie sie ihren Blick über die Schülerinnen und Schüler schweifen lässt und dann wieder zur Tafel. Ich denke: Was für eine strahlende, starke, selbstbewusste Persönlichkeit. Und lächle zurück. Wow!

Wir lassen uns gerade die Grundschule in Tamaram bei Kondala zeigen. Kondala, eigentlich Kondalaagraharam, ist ein Dorf irgendwo an einer Landstraße. Keine Sehenswürdigkeiten. Keine Industrie. Aber Kondala liegt verkehrsmäßig günstig. An einem Scharnier zwischen der dicht besiedelten Küstenregion und dem Dschungel. Wer in Kondala ein Krankenhaus aufbaut oder eine Schule, der kann viel Gutes tun. Für die Menschen hier und auf den Dörfern ringsum. Und vor allem für die vielen, die verstreut in Dschungeldörfern leben. Bis Kondala können sie es schaffen, wenn sie Hilfe brauchen.

Gut, dass ein wichtiger Zweig der Nethanja-Kirche hier in Kondala arbeitet. Gut, dass Singhs ältester Bruder, Regionalbischof Jeevan Komanapalli und seine Frau Nalini hier eine ganze Reihe wichtiger Hilfseinrichtungen leiten und weiterentwickeln. „Emmanuel Ministries“ heißt ihre Organisation.

Heute interessiere ich mich speziell für den pädagogischen Zweig ihrer Arbeit. Will den Kindergarten, die Schule und die Förderschule kennenlernen. Und so spaziere ich durch den Garten, in dem die schön hergerichteten Häuser für Kindergartenkinder und Grundschüler stehen. Eine ganze Reihe von Klassenzimmern, eins neben dem anderen. Mit Bildern von bunten Schmetterlingen und Vögeln an den Außenwänden. Mit einer Atmosphäre von Fröhlichkeit und Leben. Schön hier.

Neugierig stecke ich meine Nase in ein Klassenzimmer. Anschleichen unmöglich: Die Schüler springen ohne ein Wort ihrer Lehrers auf, drehen sich zu mir um und rufen: *„Good morning, Sir!“* Und dann strahlen sie mich an.

Samuel Sudaker, der junge Herr Direktor, begleitet mich durch seine Einrichtung. Er berichtet: hundertzwanzig Schülerinnen und Schüler kommen hierher, manche aus dem Kinderheim, in dem Kinder ohne Familie Zuflucht gefunden haben. Viele andere aus Kondala und den umliegenden Dörfern. Fast alle stammen aus sehr armen Familien. Hier in der Schule haben sie die Chance, in kleinen Klassen und bei gut ausgebildeten Lehrkräften zu lernen. Englisch steht auf dem Lehrplan. Ein eigener kindgerechter Computer-Raum ist eingerichtet. Wer Englisch versteht und mit Computern umgehen kann, kann es in Indien weit bringen.

Samuel Sudaker hat mich inzwischen schon durch zwei Kindergartengruppen und durch mehrere Schulklassen gelotst. In jedem Raum hängen bunte, selbst gemalte Plakate. Landkarten, Lebensweisheiten, Schriftzeichen in den verschiedenen Sprachen, die hier gelehrt werden: Englisch, Hindi, Telugu – drei unterschiedliche Sprachen, drei unterschiedliche Schriften. Viel zu lernen!

Mir fällt auf: In fast jedem Klassenzimmer entdecke ich mindestens ein Kind mit einer Behinderung. Mittendrin. Ganz „normal" zwischen Mitschülerinnen und Mitschülern. *„Ja, richtig beobachtet!"*, freut sich Samuel. *„Wir haben in jeder unserer Klassen mindestens ein Kind, das nicht gut laufen kann, das körperlich oder geistig irgendein Handicap hat."* Um diese Kinder kümmert man sich in Kondala ganz besonders.

Dabei ist gerade die Lehrerin eine besondere Hilfe, deren Lächeln mich so fasziniert. Naga Lakshmi, die ich im vorletzten der Klassenzimmer treffe. Zweiundzwanzig Jahre jung ist sie. Jeden Tag unterrichtet sie von 9.00 bis 16.00 Uhr die Schülerinnen und Schüler der Klasse fünf. Als ich das Klassenzimmer betrete, ist gerade Mathematik dran. Naga Lakshmi steht vor der Tafel und erklärt ihrer Klasse etwas. Sie grüßt freundlich, dann fährt sie fort.

Da fällt mir auf: Die zierliche junge Frau muss sich auf einen Stock stützen. Naga Lakshmi ist genauso körperbehindert wie etliche der Schüler hier an der Schule. Und sie ist ein leuchtendes Vorbild dafür, was ein behinderter Mensch aus seinem Leben machen kann – wenn er nur gefördert und unterstützt wird.

Ich will nicht länger stören und ziehe weiter. Aber in der Mittagspause treffe ich mich mit Naga Lakshmi. Ich will diese Frau kennenlernen. Ich stelle meine erste Frage, will wissen, wo sie geboren und aufgewachsen ist. Und lande gewissermaßen mit vollem Anlauf im Fettnäpfchen. Oder präziser formuliert: In der – pardon – Kuhscheiße.

Naga Lakshmi wird geboren in einem Bauerndorf, nur etwa zwanzig Kilometer weg von Kondala. Sie kommt mit missgestalteten Beinen zur Welt. Seltsam nach hinten verdreht. Dieses Kind wird nie einen Schritt gehen können, das sehen die Eltern auf den ersten Blick. Anfangs bemüht sich die Mutter noch um ihr behindertes Kind. Als die Mutter stirbt, muss Naga Lakshmi irgendwie alleine zurechtkommen. Der Vater kümmert sich nicht um sie. Lässt die Kleine spüren, dass er nichts mit ihr anfangen kann. Naga Lakshmi kann eigentlich nur in der Hütte ihres Vaters herumliegen. Wenn die Fünfjährige nach draußen will, muss sie sich mit ihren Händen durch den Dreck schleppen. Durch den stinkenden Morast, den die Wasserbüffel des Vaters rund um die Hütte hinterlassen. Ein Leben im Mist. Unglaublich.

Zum Glück, nein: Gott sei Dank erfährt der Pastor der örtlichen Nethanja-Kirche von diesem Mädchen. Der Pastor kommt, interessiert sich für das vernachlässigte Kind, stellt den Kontakt zu Jeevan her. Und ermöglicht Naga Lakshmi so einen zweiten Start ins Leben.

Der Vater ist froh, die Kleine nicht länger durchfüttern zu müssen. Das behinderte Mädchen wird ins Kinderheim geholt. In Kondala wird Naga Lakshmi intensiv untersucht. Eine Operation soll die Stellung ihrer Beine verbessern. Ob sie damals Angst hatte vor dieser OP, frage ich.

„Ja, große Angst. Aber die Hoffnung war stärker als meine Angst!"

Die Beine des tapferen Mädchens werden operiert und in eine bessere Stellung gedreht. Naga Lakshmi kann jetzt die Schule besuchen, im Rollstuhl. Das Mädchen blüht auf. Es trainiert die Arme und lernt, sich auf Krücken sicher fortzubewegen.

Naga Lakshmi lernt mit Begeisterung. Schafft die Schule. Und danach auch die Ausbildung zur Lehrerin. Heute unterrichtet sie und macht nebenbei eine Zusatzausbildung, um sich als Lehrerin weiterzuqualifizieren.

„Bist du ein Vorbild für die Kinder hier, die ähnlich gehandicapt sind wie du?", frage ich Naga Lakshmi.

Sie wehrt bescheiden ab. *„Ach, vielleicht werden sie angeregt, ihren Weg zu gehen, wenn sie mich sehen"*, antwortet sie mir. *„Weißt du, Gott hat mich bisher hierher gebracht, ich will jetzt einfach den Weg* *mit ihm Schritt für Schritt weitergehen"*, sagt Naga Lakshmi. Und lächelt wieder so, so … Sie wissen schon: ansteckend.

Naga Lakshmis Kollege Darga Babu berichtet mir eine ähnliche Lebensgeschichte. Sechsundzwanzig Jahre alt ist er, hat ein offenes, scharf geschnittenes Gesicht, hört gerne Rhythm 'n' Blues (das habe ich mit ihm gemeinsam), ist Lehrer in Kondala. Darga Babu sitzt mir in einem uralten, verrosteten Rollstuhl gegenüber. Seine Beine sind winzig, dürr, ohne Stabilität. Als Kind schon kam er nach Kondala. Nach dem Tod der Eltern wusste die Familie nicht, was sie mit ihm anstellen sollte.

Darga Babu erhielt hier liebevolle Unterstützung. Er konnte die Schule besuchen. Konnte studieren. Sich bis zum Lehrer hocharbeiten. Heute lebt er wieder im Kinderheim. Jetzt als „großer Bruder", der für viele kleinere da ist. Hier sind für ihn Heimatort und Arbeitsplatz. Hier ist er zu Hause und setzt sich für andere ein.

„Darga Babu ist ein Mann mit einem starken Willen und einer Menge Ehrgeiz", schwärmt mir Jeevan Komanapalli vor. Ich erfahre: Der junge Mann kämpfte sich durch Schule und Highschool. Bewarb sich in der zwei Stunden entfernten Millionenstadt Visakhapatnam um ein Masterstudium. Ließ sich dazu von Freunden die hohen Treppen am Eingang der Uni hochschleppen. Schaffte irgendwie den Weg in den richtigen Raum der Uni. Und bestand dort die harte Prüfung.

„Wir sind stolz auf Darga Babu", sagt Jeevan. *„Und er selbst ist auch glücklich über das, was er schon geschafft hat. Sein Glaube gibt ihm Kraft und hilft ihm durchzuhalten, wenn er in besonders schwierige, für ihn schier unüberwindliche Lebenslagen kommt."*

Wie kommt es, dass behinderte Kinder und Jugendliche hier in Kondala besonders gefördert werden? Nach dem Rundgang durch

Rechts: Brüder trotz aller Unterschiede und über alle Grenzen hinweg: Autor Christoph Zehendner mit Pastor Sudhir aus Orissa (S. 57).

Ludhia und Kadhampul, zwei tapfere Witwen aus Orissa (S. 57).

Impressionen aus Mädchendorf und Schule in Rajahmundry (S. 192 ff).
Oben links: Shamila (S. 72)
Oben rechts: Pratap Komanapalli, Malliswari, Kanaka Durga, Sunitha Komanapalli
Mitte: Tänzerin Shanti (S. 69).
Unten: Pratap Komanapalli, Christoph Zehendner, Petra Hahn-Lütjen

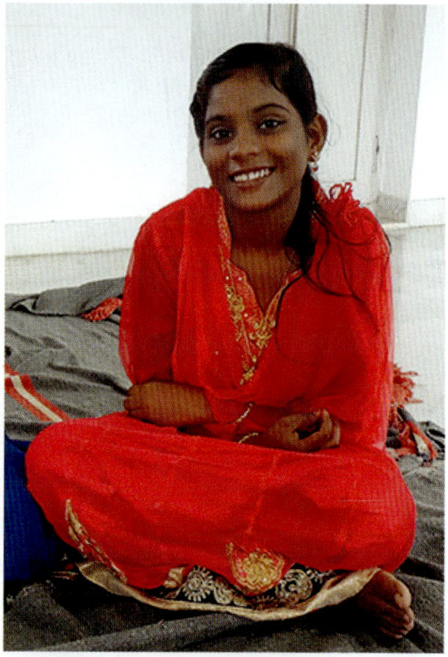

Rechts: Impressionen aus dem Shalom Mädchendorf (S. 67). Voller Rhythmus, voller Anmut, voller Gefühl: Beim Tanz strahlen die Mädchen Würde und Eleganz aus.

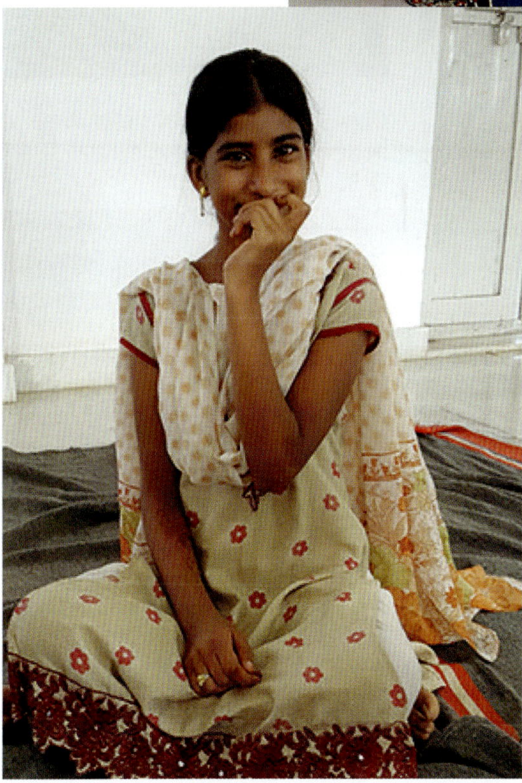

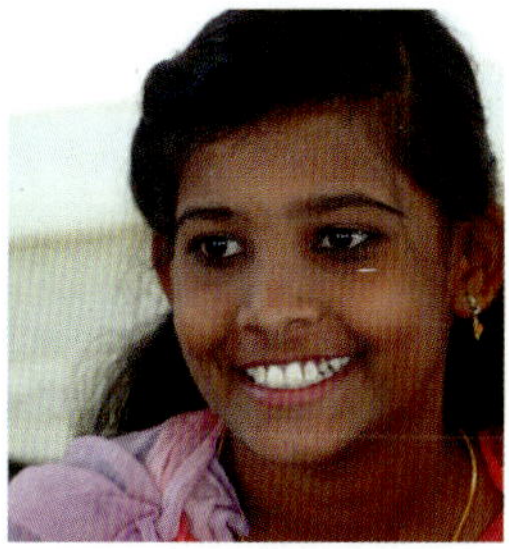

Links: „Hier ist jetzt meine Familie", sagt Satyaveni. Ihre Worte klingen ein bisschen trotzig, aber dankbar (S. 72).
Oben rechts: Meghana möchte Pastorin werden.

Wenn frühere Terroristen von Liebe und Versöhnung predigen (S. 91). Der schüchtern wirkende Abraham hat eine 180-Grad-Wende hinter sich *(unten)*.

Oben: Früher Spitzel und Denunziant, heute Pastor und „Kirchenmusiker": David (S. 96).

Links: Lehrerin und strahlendes Vorbild für ihre behinderten und nichtbehinderten Schüler: Naga Lakshmi, Lehrerin in Tamaram bei Kondala (S. 108).

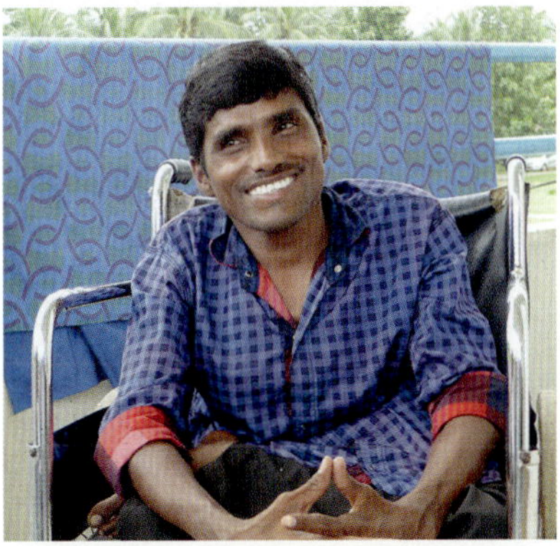

Links: Darga Babu, ein Mann mit einem starken Willen (S. 112).
Unten links: Jeevan und Nalini Komanapalli.

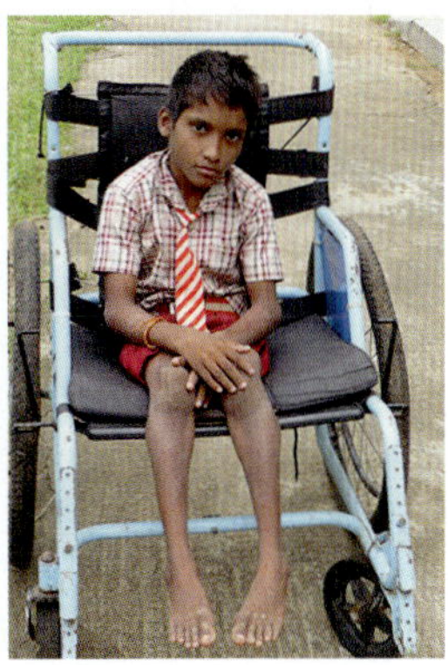

Christ sein unter schweren Bedingungen:
Links: Dekan Ratna Raju, der um seinen Sohn trauert (S. 156).
Links Mitte: Lydia, die erste Christin im Naturstamm der Bonda (S. 137).

Links: Trotz allem leben, kämpfen, glauben – und siegen. Die HIV-infizierte Vijaya (S. 130, hier mit ihrer Tochter) ist froh, den Überlebenskampf im Slum nicht allein führen zu müssen.

Rechts: Singhs eindrückliche und folgenschwere Begegnung mit Mutter Teresa (S. 117).
Unten rechts: Hemanatha (S. 133).

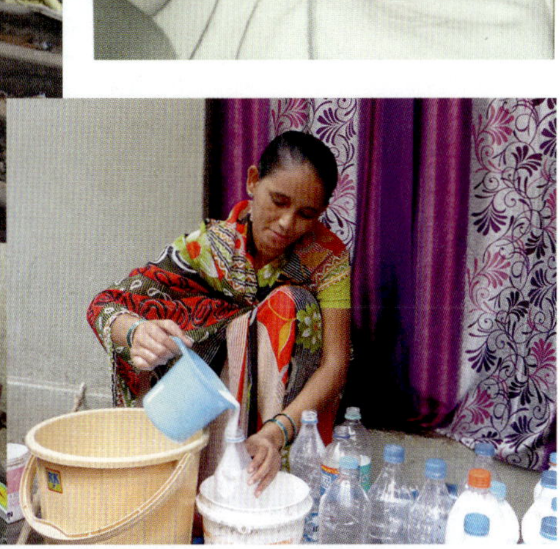

Rechts: Ein schweres Schicksal und doch eine Hoffnungs-Geschichte: Devika hat trotz ihrer HIV-Infektion einen gesunden Sohn (S. 182).

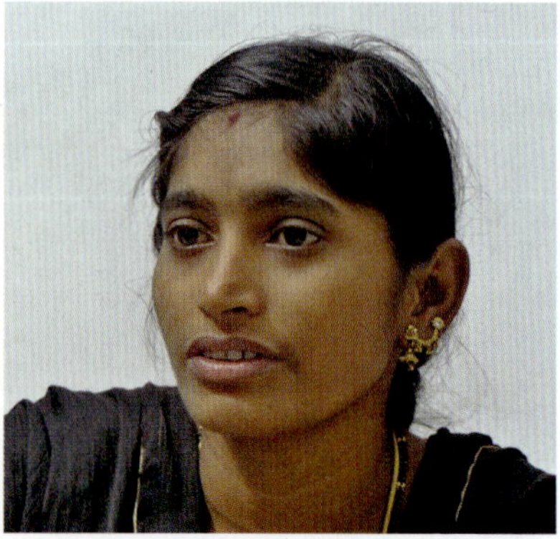

Unten: Taufe im See: Für Bischof Singh eine seiner wichtigsten Aufgaben (S. 165).

Frauen aus dem Bondastamm. Bis heute werden dort Kinder geopfert, um die „Götter" zu besänftigen. Doch einige Bonda erleben durch das Evangelium Freiheit von den blutigen Traditionen (S. 137).

Rechts: Gemeindezentrum, Erste-Hilfe-Station, Anlaufstelle, Gottesdienstraum – das kleine Haus der Nethanja-Kirche in einem der Elendsviertel von Vishakhapatnam dient vielen Zwecken (S. 128).

Zukunftsschmiede „Wildberg Village". Junge Frauen, die hier eine handwerkliche Ausbildung bekommen, sind für die Zukunft gerüstet (S. 199).

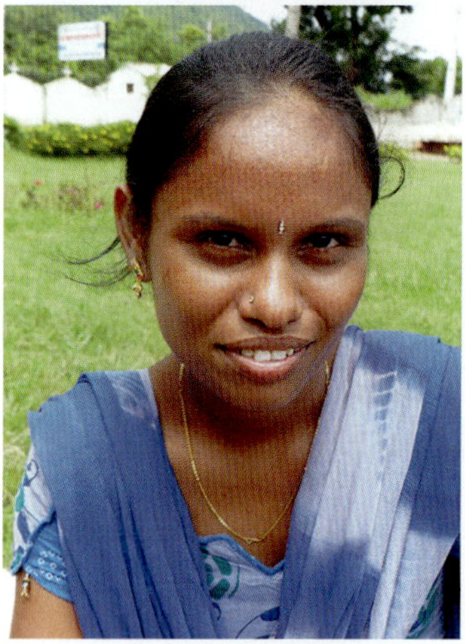

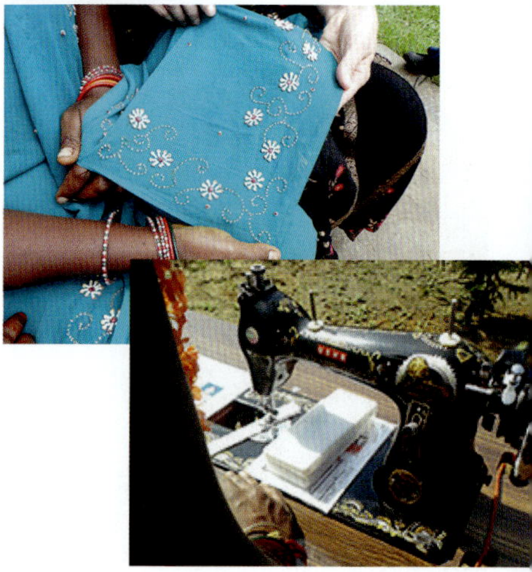

Mitte links: Lakshmi kann mit ihrer Arbeit ihre Familie aus der Schuldenfalle befreien (S. 205).

Links: Assirwadam, der Mann mit dem großen Herzen (S. 208). Eine beeindruckende Persönlichkeit.

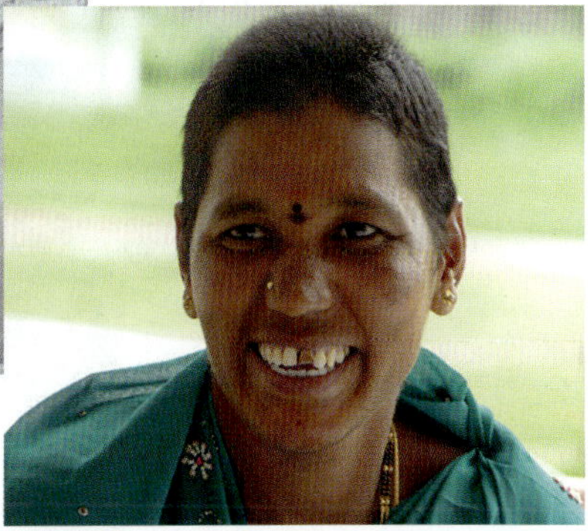

Mitte: Gouri kann nicht lesen und schreiben. Doch nach der Ausbildung in „Wildberg Village" ernährt sie ihre Familie mit der Arbeit ihrer geschickten Hände (S. 203).

Links: Bischof Dr. Singh Komanapalli. Pastor wollte er schon werden, als er sechs Jahre alt war. Heute leitet er eine lebendige, ständig wachsende Kirche mit einer beeindruckenden Sozialarbeit für die Ärmsten der indischen Gesellschaft (S. 40).

die Schule bin ich auf einem kleinen Spaziergang zur nahe gelegenen Förderschule. Ich stelle meine Frage an Jeevan und höre eine verblüffende Antwort: „*Ich bin auf ganz spezielle Weise ‚berufen' worden zu dieser Arbeit. Bei einer Zugfahrt vor Jahren lag ich ganz oben, im dritten Stock eines Schlafwagenabteils. Ich hörte, wie unten die Tür aufgeschoben wurde. Ein Bettler kam herein und bat um Geld oder ein Frühstück. Die Fahrgäste unten gaben ihm etwas und schickten ihn wieder hinaus. Sie hatten Mitleid mit ihm, weil er behindert war. Nachdem er verschwunden war, entwickelte sich ein langes Gespräch über das Thema Behinderung. Hier in Indien gibt es kaum Einrichtungen, die sich um behinderte Menschen kümmern. Behinderung ist oft noch ein Tabu. Behinderte Kinder werden von ihren Familien versteckt, man schämt sich und sperrt sie deshalb oft zu Hause ein. Ich hörte zu und spürte: Für diese behinderten Menschen müssten wir etwas tun.*"

In den Tagen und Wochen danach fällt Jeevan auf, wie oft er im Straßenverkehr, auf dem Markt, im ganz normalen Leben auf behinderte Menschen stößt. Und dann kommt da auch noch ein Vater mit seinem behinderten Sohn ins Kinderheim in Kondala. Und bittet voller Verzweiflung: „*Kümmert euch um meinen Jungen!*" Jeevan muss abwinken. Noch ist seine Einrichtung nicht so weit.

Um die Lage besser einschätzen zu können, schickt Jeevan seine Mitarbeiter los. Sie sollen sich in den Dörfern um Kondala nach behinderten Kindern erkundigen. Kinder, die unter den Folgen von Kinderlähmung leiden oder geistig zurückgeblieben sind. Die gehörlos sind oder blind. Nach ein paar Wochen hat er das Ergebnis der Nachfragen in der Hand: Mindestens vierhundert Fälle haben seine Mitarbeiter entdeckt. Viele tragische Lebensgeschichten haben sie in Stichworten aufgeschrieben, etliche Kinder auch fotografiert.

Etwa 1992 ist das. Jetzt weiß Jeevan endgültig: Wir müssen etwas für diese Kinder tun. Er hat aber keine Ahnung, was genau das sein könnte. Und wie er anfangen soll.

Bis er 1998 in Deutschland Pfarrer Leonhard Gronbach aufsucht. Jeevan kennt dessen Frau aus der kirchlichen Arbeit während seiner Zeit in Deutschland. Er weiß erst nicht, dass Gronbach das große sozialdiakonische Werk „Friedenshort“ in Freudenberg bei Siegen leitet. Aber als man sich bei einem weiteren Besuch näher kennenlernt, ermutigt Pfarrer Gronbach den Gast aus Indien: *„Sag uns, wie wir dich unterstützen könnten. Vielleicht mit unserer Erfahrung in der Hilfe für Kinder und Jugendliche?“*

Nach dieser Aufforderung packt Jeevan ein Album aus. Mit vielen Fotos von behinderten Kindern. Und mit etwa vierzig dokumentierten Fällen.

So startet eine Kooperation zwischen Deutschland und Indien, die inzwischen Hunderten von Kindern das Leben erleichtert hat. Denn Leonhard Gronbach macht Nägel mit Köpfen. Besucht mit einem hochrangig besetzten Team Kondala. Und gründet 2004 gemeinsam mit dem deutschen Verein „Kinderheime Nethanja Narsapur e. V.“ das Projekt „Shanti Nivas“ (zu Deutsch: „Friedenshort“).

Seitdem leistet „Shanti Nivas“ fachliche und finanzielle Hilfe für Einrichtungen in Tamaram bei Kondala. Und eröffnet für viele behinderte Kinder und ihre Familien Perspektiven für die Zukunft. „Shanti Nivas“ finanziert den Bau der gut eingerichteten „Emmanuel-Förderschule“. Eines Internats, das auch behinderte Kinder aufnehmen und betreuen kann. Die Einrichtung von Therapieräumen und Büros. Schickt regelmäßig Experten nach Indien, die einheimische Lehrkräfte und Betreuer schulen. Baut Therapieformen auf, die in Indien noch kaum für behinderte Menschen angewendet werden – Physiotherapie, Kunsttherapie, Musiktherapie.

So entsteht ein einzigartiges Projekt. Ein Leuchtturm, der weit in die Ferne strahlt. Der Auswirkungen auch in viele andere Einrichtungen in Indien hat.

Jeevan und ich sind inzwischen in der Förderschule angekommen. Zwei Lehrerinnen erwarten uns schon. Sie führen uns von Klasse zu Klasse. Hier sitzen geistig behinderte Kinder, die nur sehr langsam lernen und viel Betreuung brauchen. Dort eine Gruppe von Kindern, die weder hören noch sprechen können. In einer Art Turnraum stehen einfache Geräte, an denen hart trainiert wird. Ein großer Ball, auf dem ein Junge übt, sein Gleichgewicht zu halten. Zwei Stangen, an denen sich ein Mädchen mit verkrüppelten Beinen langsam Schrittchen für Schrittchen vorantastet.

Nebenan vor einem Spiegel üben zwei Gehörlose mit ihrer Lehrerin Hören und Sprechen. Sie sehen sich genau an, wie sich die Lippen der Lehrerin bewegen. Dann versuchen sie es genauso nachzumachen. Die Laute, die sie dabei ausstoßen, sind ein Anfang. Verheißungsvoll.

In zwei Klassenzimmern wird in Gebärdensprache unterrichtet. Auf die Schnelle bekomme ich drei Wörter beigebracht. Wer „danke" sagen will, führt die geschlossenen Fingerspitzen kurz ans Kinn und zurück. „Bitte" heißt: die flache Hand vor den Bauchnabel legen. Und ein kräftiger Applaus geht so: beide Hände hoch und winken! Die Kinder der Klasse machen mir alle drei Begriffe vor und kontrollieren, wie ich mich anstelle. Ihre unbändige Freude steckt mich an.

Dann sehe ich mir noch eine kleine Werkstatt an. Hier lernen Kinder schlichte Fertigkeiten, mit denen sie später in ihren Heimatdörfern ein paar Rupien verdienen können: Sie ziehen einfache Kerzen. Schöpfen Papier aus den Fasern von Bananenblättern. Sie nähen und stricken. Kleben Briefumschläge oder verzieren sie mit bunten Farben.

Ich stehe und staune. Von „Inklusion" habe ich in Deutschland viel gehört. Davon, dass behinderte Menschen möglichst selbstverständlich als fester Bestandteil unserer Gesellschaft leben, lernen und arbeiten können. Mir geht durch den Kopf: Kommt doch hierher nach Kondala und schaut euch an, wie „Inklusion“ geht. Einfach. Schlicht. Bodenständig. Aber überzeugend.

Ich drehe mich um, sehe Jeevan bei einer der Klassen von Gehörlosen auf mich warten. Dort wird gerade Mathematik unterrichtet, Geometrie, wenn ich's richtig erkenne. Die Lehrerin hat verschiedene Winkel an die Tafel gezeichnet. Und dazu geschrieben, wie viel Grad welcher Winkel hat.

Jeevan hat vor Jahrzehnten in Deutschland studiert und als Ingenieur gearbeitet. Ich sehe ihm an, wie viel Spaß ihm diese Unterrichtsstunde macht. Er tritt an die Tafel, malt selbst ein paar Winkel, stellt dazu eine Aufgabe. Ein Mädchen kommt nach vorne, versucht die Aufgabe zu lösen. Vergeblich. Die Spannung steigt.

Jeevan gibt ihr mit der Kreide einen kleinen Tipp. Das Mädchen steht auf der Leitung. Ganz hinten, in der letzten Reihe springt eine Mitschülerin aufgeregt auf. Jeevan tritt auf sie zu und liest, was sie aufgeschrieben hat. Dann lächelt er sie an und gibt zu erkennen: *„Richtig, du hast die Aufgabe gelöst.“*

Das Mädchen an der Tafel hat die kleine Pause genutzt. Sie wischt weg, was sie vorher als Antwort an die Tafel geschrieben hat. Schreibt erneut. Treffer, jetzt hat auch sie die Aufgabe gelöst.

Jeevan strahlt sie an. Dann hebt er beide Arme. Er und die gesamte Klasse winken wild mit den Händen. Applaus, Applaus. Applaus. Das Mädchen platzt fast vor Freude. Eine rührende Szene.

Natürlich hebe auch ich meine Hände. Und „klatsche“ bzw. winke eifrig Beifall. Für das Mädchen an der Tafel. Für Naga Lakshmi und für Darga Babu. Und für die gesamte Arbeit mit behinderten Kindern, hier in Tamaram bei Kondala. Einem Kaff am Ende der Welt, in dem Zukunft gestaltet wird.

13

OFFENE ARME FÜR DEN AUSSÄTZIGEN

Die Friedensnobelpreisträgerin Mutter Teresa ist eine beeindruckende Persönlichkeit. Eine kleine Frau mit großer Wirkung. 1910 geboren, im gleichen Jahr wie Singhs Vater. Schon zu Lebzeiten als „Engel der Armen" eine Legende. Nach ihrem Tod im September 1997 wird sie als erste Christin in Indien durch ein Staatsbegräbnis geehrt. Weltweit als Vorbild für Nächstenliebe geachtet, geliebt, verehrt. Am 4. September 2016 von Papst Franziskus heiliggesprochen.

Ende 1993 erfährt Singh, dass er diese Frau persönlich kennenlernen kann. Eigentlich empfängt die damals 83-Jährige keine Gäste mehr. Ihre Kräfte sind durch den langen Einsatz für die Armen ziemlich aufgezehrt. Ihr Herz ist nicht so stark, wie sie es gerne hätte. Seit einigen Jahren braucht sie einen Herzschrittmacher. Doch für eine weit gereiste Gruppe aus Deutschland macht sie eine Ausnahme. Und weil diese Gruppe von Lydia und Fritz Schanz aus Wildberg im Schwarzwald geleitet wird, zwei engen Freunden und Unterstützern von Singh, kommt er natürlich mit. Als Übersetzer. Als Einheimischer, der Land, Leute und Verhältnisse bestens kennt.

Von Visakhapatnam aus sind es knapp tausend Kilometer bis nach Kalkutta, dem Einsatzort dieser frommen und zupackenden

Frau. Singh macht sich mit dem Zug auf den Weg. Und erlebt eine Begegnung, die sein Leben verändern wird.

Zunächst trifft Singh in Kalkutta auf die Reisegruppe aus Deutschland. Etwa zwei Dutzend Menschen, die das fremde Indien und speziell die Christen dort kennenlernen möchten. Durch eine gewisse Beharrlichkeit und über eine aus Deutschland stammende Schwester aus der Ordensgemeinschaft Mutter Teresas ist der außergewöhnliche Besuchstermin zustande gekommen.

Den ganzen Tag über haben die deutschen Gäste die Schönheiten Kalkuttas besichtigt: Tempel, Denkmäler, Museen und Paläste der Millionen-Metropole. Nicht zu übersehen waren aber auch Elend, Armut, Dreck, bettelnde Kinder, Trostlosigkeit dieser Stadt. So haben die Touristen eine Vorstellung davon, in welcher Welt Mutter Teresa tätig ist.

In einer Art Wartezimmer müssen sich die Gäste am Abend des 29. Dezember 1993 etwas gedulden. Sie erfahren: Mutter Teresa absolviert trotz ihres hohen Alters und ihrer schwachen Gesundheit jeden Tag ein strammes Arbeitsprogramm. Besonders am Herzen liegen ihr die Sterbenden, um die sich ihre „Missionarinnen der Nächstenliebe" in einem Hospiz kümmern. Und die verwahrlosten Kinder, die sie in verschiedenen Heimen aufnehmen.

Dann werden die Besucher hineingebeten.

Sie kommen in einen kleinen, unscheinbaren Raum. In der Mitte drei einfache Stühle aus Holz. Auf einem sitzt Mutter Teresa, wie sie sie aus dem Fernsehen kennen: klein, hager, zerbrechlich. Aber hellwach, geistig rege, ganz den Besuchern zugewandt. Lydia Schanz erinnert sich auch Jahrzehnte nach dieser Begegnung sehr genau: *„So zierlich und so bescheiden wirkte die Frau da auf diesem Stuhl. Ich war sofort begeistert von ihrer besonderen Ausstrahlung, von ihrem Lächeln und von ihrer Freundlichkeit."*

Fritz Schanz als Leiter der Gruppe und Singh als Übersetzer werden gebeten, direkt neben Mutter Teresa Platz zu nehmen. Die anderen bilden einen Kreis um das Trio. Zurückhaltend, ja geradezu schüchtern erlebt Singh die weltberühmte Persönlichkeit. Sie wirkt auf ihn fast ein wenig ratlos. Fragt sich wohl, was die Leute aus Europa eigentlich von ihr wollten, was denn an ihr schon Besonderes sei.

Die Gäste erkundigen sich, wie Mutter Teresa denn von Albanien aus, wo sie geboren ist, nach Indien gekommen sei. Die kleine alte Dame in ihrer einfachen Ordenskleidung winkt freundlich ab. Diese Frage sei nicht wichtig, die Antwort wäre nur vertane Zeit, lächelt sie. Und ergänzt: *„Wichtig ist doch, was heute hier in Kalkutta geschieht.“*

Davon berichtet sie dann, in schlichten Worten. Vom Einsatz für die Armen, die Obdachlosen, die Kranken, die Sterbenden, die Ausgestoßenen.

Diese Menschen bilden den Mittelpunkt ihres Berichts. Nicht etwa sie oder ihre Schwestern.

Die Gäste aus Deutschland sind tief beeindruckt von den Worten der zierlichen Frau und von ihrer bescheidenen Art. Spontan wollen sie Mutter Teresas Werk durch eine Spende unterstützen. Weil das nicht geplant war, steht kein Gefäß für das Geld bereit. Mutter Teresa lächelt. Sie senkt den Blick, hebt beide Hände hoch, legt sie zu einer Schale zusammen. Demütig und dankbar nimmt sie die Geldscheine entgegen, die ihr in die Hände gelegt werden.

Sie wird freiwillig zur Bettlerin, um für die unzähligen Bettler ihrer Stadt Geld und Hilfe zusammenzubekommen, denkt Singh bei diesem Anblick. Die Demut, die Mutter Teresa dabei ausstrahlt, berührt ihn tief.

„Gott vergelte Ihnen diese Gaben“, sagt Mutter Teresa immer wieder. Dann segnet sie die Menschen, die ihr das Geld für die Armen anvertraut haben.

Die weit gereisten Gäste bedanken sich auf ihre Art: Sie stehen auf und stimmen ein Loblied an. „Großer Gott, wir loben dich. Herr, wir preisen deine Stärke …“, singen sie. Mutter Teresa haben sie dabei in die Mitte genommen, als wollten sie ihr Schutz und Geborgenheit vermitteln. Die kleine Frau hält den Kopf geneigt und hört bewegt zu.

Als das Lied zu Ende ist, legt sie ihre Hände vor der Brust zusammen, gerade so, als wollte sie mit „Namaste!“ grüßen. Doch sie verabschiedet sich mit einer besonderen Geste, die die Gäste noch nicht kennen: Mit zusammengelegten Händen macht sie das Zeichen des Kreuzes und segnet ihre Besucher.

Am nächsten Morgen kann Singh die außergewöhnliche Frau noch einmal aus nächster Nähe erleben. Vor Morgengrauen um fünf Uhr sucht er Mutter Teresa auf. Gemeinsam mit ihren Schwestern will sie eine Messe feiern. Und dazu hat sie auch die Gäste aus Deutschland und ihn eingeladen. Etwas beklommen heftet Singh sich an Mutter Teresas Fersen. Er folgt ihr schweigend in die Kapelle auf dem Gelände der katholischen Ordensgemeinschaft.

Mutter Teresa sorgt dafür, dass Singh direkt neben ihr sitzt. Und auch zum Abendmahl soll er mitkommen – obwohl er ja als Protestant eigentlich gar nicht zugelassen wäre. Als sie an der Reihe ist, dreht sie sich um. Sie lässt Singh den Vortritt. Bittet ihn, die in Wein getauchte Hostie noch vor ihr entgegenzunehmen.

Nach dem Gottesdienst erkundigt sich Mutter Teresa bei Singh danach, was genau denn seine Aufgabe sei. Ein wenig stolz berichtet er der berühmten Frau von medizinischer Hilfe, von Kinderheimen und anderen Diensten der Liebe für die Ärmsten. Mutter Teresa nickt und lächelt. Dann gibt sie ihm einen Satz mit, der ihn mitten ins Herz trifft. Und der ihn sein Leben lang beschäftigen wird:

„Es ist nicht wichtig, wie perfekt du deine Arbeit machst. Es kommt darauf an, mit wie viel Liebe du sie tust!“

Und noch ein Geschenk macht Mutter Teresa ihm. Sie entlässt ihn mit den Worten: *„God bless you, my son.“ „Gott segne dich, mein Sohn.“*

Später am Tag erlebt Singh gemeinsam mit seinen deutschen Freunden noch verschiedene Arbeitszweige von Mutter Teresa und ihrem Orden. In einem Sterbehaus kann er sich ein Bild von der aufopfernden Liebe der „Missionarinnen der Nächstenliebe“ machen. Ausgemergelte Körper liegen auf einfachen Matratzen. Die Gäste erfahren: Oft wurden diese sterbenskranken Menschen irgendwo auf den Straßen Kalkuttas aufgelesen, auf Lastwagen verladen und hierher zu Mutter Teresa gebracht.

Jetzt haben sie hier einen sicheren Platz für die letzten Stunden oder Tage ihres kümmerlichen Daseins. Und sollen gerade in dieser Phase ihres Lebens Liebe und Verständnis erfahren.

Die Schwestern nehmen sich Zeit für jeden einzelnen Patienten. Nehmen ihn in den Arm. Vermitteln jedem Einzelnen: Du wirst nicht übersehen. Du bist angenommen. Du wirst geschätzt. Du wirst geliebt.

Wo noch ein Funken Hoffnung besteht, wird medizinisch geholfen. Hin und wieder erholt sich ein Patient und schafft den Rückweg ins Leben. Die meisten verabschieden sich in eine andere Welt. Aber sie bleiben dabei nicht allein.

„Love in Action“, zu Deutsch etwa *„Liebe ist nicht nur ein Wort“*, dieses Motto leben Mutter Teresa und ihre Schwestern. So wie sie es als junge Frau bei der ersten Reise nach Indien gebetet hat: *„Mein Herz zieht mich, meinem Christus zu dienen.“*

Die deutschen Besucher haben ein Foto gemacht von einem Text Teresas in englischer Sprache, den sie an der Wand eines Kinderheims hier entdeckt haben. Als sie ihn ins Deutsche übertragen, sind sie einmal mehr beeindruckt von der Botschaft dieser einzigartigen Frau:

Tu's trotzdem

Manche Menschen sind unvernünftig, unlogisch und drehen sich nur um sich selbst – vergib ihnen trotzdem.

Wenn du freundlich bist, werden manche Menschen dir vorwerfen, du seist selbstsüchtig und führest etwas im Schilde – sei trotzdem freundlich.

Wenn du erfolgreich bist, wirst du manche falschen Freunde und manchen wahren Feind gewinnen – sei trotzdem erfolgreich.

Wenn du offen und ehrlich bist, wird es Leute geben, die dich betrügen wollen – sei trotzdem offen und ehrlich.

Wenn du heiter und fröhlich bist, wird es Menschen geben, die neidisch und eifersüchtig auf dich sind – sei trotzdem fröhlich.

Was du in Jahren aufbaust, könnte in einer Nacht zerstört werden – baue trotzdem weiter.

Das, was du heute Gutes tust, haben die Leute morgen vielleicht schon wieder vergessen – tue trotzdem Gutes.

Gib der Welt das Beste, was du hast, auch wenn das nie genug sein wird – gib trotzdem das Beste.

Im Westen gibt es weit mehr geistliche Armut als materielle Armut.

Unter den reichen Menschen sind viele spirituell arm.

Liebe sie trotzdem, und werde nicht bitter, weil sie sich so fest an die Reichtümer dieser Welt klammern.

Denk dran: Letzten Endes geht es um die Beziehung zwischen Gott und dir.

Mutter Teresa

Singh ist von der Begegnung mit Mutter Teresa und ihrem Lebenswerk tief bewegt. Ihr Beispiel beeindruckt ihn. Er möchte möglichst viel von ihr lernen, wenn möglich manches von ihr übernehmen.

In seinem Nachdenken auf dem Heimweg erinnert Singh sich an Jesus selbst. An eine Begegnung, von der im Matthäusevangelium berichtet wird: Wie Jesus sich zunächst mit der Bergpredigt an viele Menschen wendet. Wie er ihnen wichtige Maßstäbe fürs Leben gibt. Wie Jesus lehrt, warnt, tröstet, herausfordert (Kapitel 5, 6 und 7 des Matthäusevangeliums).

Viele wertvolle Worte für seine Zuhörer. Worte, die ihnen die Richtung für ihr Leben zeigen. Und direkt im Anschluss erleben sie noch eine Tat Jesu mit, die genauso wegweisend ist. Denn direkt nach seiner Bergpredigt verlässt Jesus die Anhöhe zusammen mit den vielen Zuhörern – und trifft dann direkt auf einen Menschen, mit dem damals niemand etwas zu tun haben wollte: Ein Aussätziger schlurft heran. Ein Mann mit vermutlich entstelltem Gesicht und verkrüppelten Gliedmaßen. Einer, vor dem die Leute sich ekeln. Einer, vor dem Kinder schreiend davonlaufen.

Nach der Begegnung mit Mutter Teresa entdeckt Singh nun den Sinn dieser Szene aus der Bibel viel tiefer als zuvor. Jesus hat gerade sein Programm von Liebe, Frieden und Gerechtigkeit entfaltet. Und jetzt kommt dieser kranke Mann auf ihn zu. Und Jesus geht ihm nicht – wie damals üblich – aus dem Weg. Er geht direkt auf ihn zu. Er berührt ihn sogar. Jesus berührt ihn so, wie Mutter Teresa und ihre Schwestern es mit den Kranken und Sterbenden in ihrer Obhut tun. Sie reden nicht nur von der Liebe, sie leben sie auch. Wort und Tat gehören ganz eng zusammen.

So will auch ich mit Menschen umgehen, nimmt Singh sich vor. Meine Worte und meine Taten sollen in die gleiche Richtung weisen. Wie Jesus will ich mit meinen Worten die gute Nachricht Gottes weitergeben. Und sie auch mit meinen Händen umsetzen. Beides mit ganzem Herzen. Beides voller Liebe und Leidenschaft. Wie Jesus. Wie Mutter Teresa.

Und tatsächlich: Von diesem Tag an ändert sich etwas in seiner Haltung den Menschen gegenüber, für die er sich einsetzt. Hilfe wird für ihn auf neue Weise zu einer Herzensangelegenheit. Und das wirkt sich aus.

Auch in Visakhapatnam gibt es Menschen, die vom Aussatz bzw. der Lepra gezeichnet sind. Schon bisher haben Singh und seine Kirche sich um diese Menschen gekümmert. Man traf sich dazu an „neutralem“ Ort. Nun lädt Singh die Aussätzigen zu sich ein: *„Wenn ihr Hilfe braucht, dann kommt zu mir nach Hause.“* Die von Lepra gezeichneten Menschen kommen tatsächlich. Und erleben, dass Singh sie freundlich begrüßt und in den Arm nimmt.

Mehr als 150 Familien, in denen mindestens ein Familienmitglied an den Folgen der Lepra leidet, bekommen heute Hilfe durch die Nethanja-Kirche. Sie leben in einer Siedlung zusammen. Sind so geschützt vor Spott und Willkür.

Und auch wer an Aids leidet oder Tuberkulose, wer körperbehindert ist oder einfach nur bitterarm, soll spüren: Du bist Gottes geliebtes Geschöpf. Ja, oft ist eine väterliche Umarmung die beste Art, das auszudrücken.

Singh entdeckt und akzeptiert seine Lebensaufgabe ganz neu und viel tiefer als bisher. Predigen und helfen. Menschen in die Gemeinschaft mit Gott einladen und ihnen in ihrer Not zur Seite stehen. Voller Liebe. Mit Herz und Hand.

Die Art und Weise, mit der Mutter Teresa ihren Dienst versteht, hat ihn angesteckt.

Ob er sich dabei manchmal als „kleiner Bruder" der berühmten Mutter Teresa sieht?

Singh lacht sein unwiderstehlich mitreißendes, herzhaftes Lachen, als ich ihm diese Frage stelle. *„Nein, nein, nein, das kann man doch überhaupt nicht vergleichen"*, meint er. Und kann mit dem Lachen kaum noch aufhören.

14

KÄMPFEN UND SIEGEN

Wie kann man hier nur leben?

Bei verschiedenen Reisen habe ich schon eine Reihe von Siedlungen armer Menschen gesehen. Elendsviertel in Südafrika, auf den Philippinen, in Argentinien. Ich habe zumindest eine Ahnung davon bekommen, wie Menschen in einfachsten Verhältnissen leben und überleben.

Aber was ich heute in einem der zahlreichen Slums von Visakhapatnam erlebe, macht mich sprachlos.

Wir steigen aus dem angenehm klimatisierten Auto. Mit einem Schlag sehe ich die Hand vor Augen nicht mehr. Waschküchenluft legt sich auf meine Brille. Ich greife nach einem Tuch. Wische mir den Durchblick frei. Und beginne einen bedrückenden Spaziergang. Vorbei an kleinen verrottenden Häusern. Die Farbe blättert ab. Die Fassaden bröckeln. Die ganze Straßenzeile zeigt Moder und Zerfall statt Sicherheit und Lebensqualität. Zwei Ecken weiter werden die Lebensbedingungen noch erschreckender. Wir kommen vorbei an windschiefen Bauten aus Palmblättern und zerschlissenen Plastikplanen, aus alten Brettern und Wellblech. Mit niedrigen Eingängen, die einem Loch ins Innere mehr ähneln als einer Tür.

Freundliche Menschen sitzen davor. Frauen, die Töpfe spülen oder Wäsche waschen. Kinder, die uns zuwinken und uns mit staunenden Augen nachstarren. Kaum Männer. Ob die Väter bei irgendeiner Arbeit sind oder ihre Familie hier alleine gelassen haben, überlege ich. Ich verkneife mir die Frage.

Schon ein paar Mal habe ich erlebt, wie Armut zum Himmel stinken kann. Aber das hier ist bedrückender als alles, was ich kenne. Der Matsch und die großen Pfützen vor den Hütten. Der Dreck und die Fliegen. Der Müll und der Gestank. Das schwere Grau und die schwüle Feuchtigkeit. Jetzt in der Regenzeit, bei dem Klima, das mir Schweiß aus jeder Pore zieht, jetzt sind die Lebensbedingungen hier absolut unerträglich, finde ich. Aber was habe ich schon für eine Ahnung von dem tagtäglichen Überlebenskampf, den Millionen von Menschen heute alleine in Indien kämpfen?

Wir biegen um eine Ecke und stehen unvermittelt auf Bahngleisen. Bis direkt neben den Schienen reichen die ärmlichen Behausungen. Kann man hier wirklich leben? Ich versuche mir vorzustellen, wie eine Familie hier nachts Schlaf finden soll, während wenige Meter neben ihren Köpfen Güterzüge vorbeirollen.

„Hier, nach links“, signalisiert einer der Mitarbeiter, der uns durch sein Wohngebiet führt, *„über diesen Kanal.“*

Wir balancieren auf zwei glitschigen Baumstämmen, die über einen etwa zwei Meter breiten Wassergraben gelegt sind. Unten eine träge, dunkelbraune Brühe. Unzählige Plastikfetzen und jede Menge Unrat dümpeln darin herum. Es stinkt. Jetzt nur nicht ausrutschen.

Eine hilfreiche Hand streckt sich mir entgegen. So lande ich „with a little help from my friend“ gefahrlos auf der anderen Seite. Aufatmen. Dann geht's weiter. Wir setzen unseren Weg fort, nun durch enge Gassen, zwischen „richtigen“ Häusern. Gemauerten Unterkünften. Sehr klein. Heruntergekommen. In unseren Breitengraden nicht vorstellbar als Heimat von Menschen. Aber doch wesentlich besser als die vielen provisorischen Unterkünfte, an denen wir gerade noch vorbeigekommen sind.

Wie kann man hier nur leben?, frage ich mich wieder. Wie kann man unter solchen Bedingungen jeden Morgen aufstehen und in den Tag starten? Wie kann man in einem solchen Slum Kinder in die Welt setzen und Hoffnung für sie haben?

Nur noch ein paar Hundert Meter, dann landen wir vor einem zweistöckigen Gebäude an einer belebten Straße. Links und rechts davon ein paar einfache Verkaufsbuden, eine behelfsmäßige Werkstatt.

Vor der Tür des Gebäudes werden wir erwartet. Eine Reihe älterer Frauen begrüßt uns. Zum Teil haben sie ihre Enkelkinder dabei. Tragen sie auf dem Arm und zeigen sie uns mit einem gewissen Stolz. Aber auch Traurigkeit und Schmerz liegen in der Luft.

Händeschütteln, Lächeln, Verbeugen. „Namaste“ hin, „Namaste“ her. Mir ist es wichtig, hier nicht als „Tourist“ aufzutreten. Ich will die Menschen wirklich sehen, will sie richtig wahrnehmen. Hoffentlich spüren sie das.

Die älteren Damen mit den ausdrucksstarken faltigen Gesichtern bilden ein Spalier. Geleiten uns so zum Eingang im Erdgeschoss des Gebäudes. Wir betreten eine Art Mehrzweckhaus der Nethanja-Kirche. Gotteshaus und medizinische Station. Anlaufstelle und Seelsorgezentrum. Ein Gemeindehaus im besten Sinne.

Im Erdgeschoss auf wenigen Quadratmetern ein Wartezimmer. Auch hier Großmütter, zum Teil mit ihren Enkelkindern. Dahinter ein winziges Büro. Eine Liege für Patienten. Ein paar Aktenordner. Ein kleiner Medizinschrank. Die spärliche Einrichtung reicht aus für einen Erste-Hilfe-Stützpunkt. Hilfesuchende kommen mit kleineren Wunden oder einer handfesten Grippe. Aber eben auch mit Brüchen, Herzproblemen, Krebs. Wenn die Erste Hilfe vor Ort nicht reicht, werden die Patienten von hier aus gezielt weitergeschickt in eins der öffentlichen Krankenhäuser der Stadt.

Ich erfahre: Auffallend oft versorgen die rührenden Helferinnen

Frauen, die sich selbst das Leben nehmen wollten. Die das Leben hier im Slum einfach nicht mehr aushalten. Nicht wenige hier brauchen gar nicht in erster Linie Medizin oder eine Diagnose. Sie brauchen jemanden, der zuhört. Der sie sieht. Der Verständnis hat. Der hilft. Unterstützung braucht zum Beispiel so manche der überforderten Großmütter, die das Baby ihrer Kinder aufziehen muss. Weil Mama und Papa nicht mehr da sind. Verschwunden. Nicht interessiert. Oder gestorben.

Wir steigen höher, gelangen in den Gottesdienstraum. Auf dem Boden sitzen einige Dutzend junger Frauen mit Kindern. Der Raum ist so voll, dass sie kichernd zusammenrücken müssen, damit wir zwischen ihnen hindurch nach vorne gelangen können. Dort nehmen wir auf niedrigen Plastikstühlen Platz. Wir sind die Ehrengäste, ob wir diese Rolle wollen oder nicht. Obwohl ich nicht so gerne auf dem Präsentierteller sitze, bemerke ich sofort den Vorteil: Ich kann den jungen Frauen in die Augen sehen.

So viel Schönheit, so viel Anmut. Und so viel Traurigkeit, so viel Schwere!

Was für ein Kontrast vor meinen Augen: die Unbekümmertheit der Kinder. Und die erschöpften Blicke manche ihrer Mütter. Als hätten diese Achtzehn-, Zwanzig-, Fünfundzwanzigjährigen schon ein langes, hartes Leben hinter sich.

Ein Mitarbeiter schlägt ein einfaches Tamburin. Die Frauen nehmen den Takt auf und fangen an zu singen. Hohe Stimmen, manche dünn, manche kräftig. Eine einfache, eingängige Musik. Die Melodieführung und der Rhythmus so ungewöhnlich, dass ich kaum mitsingen könnte, selbst wenn mir der Text geläufig wäre.

Singh begrüßt uns und begrüßt die Frauen. Er hat sich in Schale geworfen: schwarze feine Hose, blütenweißes Hemd. Als hätte er sich extra für diese Versammlung herausgeputzt. Er will den Menschen mit seinem Äußeren Ehre erweisen, hat er mir erzählt. Gerade und ganz besonders wenn er in einem Elendsviertel zu Gast ist.

Nachdem er die Frauen in Telugu, ihrer Muttersprache, angesprochen hat, wendet er sich zu uns. Seine Worte erschüttern mich: *„Diese Frauen hier treffen sich einmal im Monat zu einem besonderen Gottesdienst. Sie haben vieles gemeinsam: Sie leben alle in einem Slum. Sie haben alle Kinder. Fast alle müssen ihre Kinder ohne Männer großziehen, weil die gestorben oder abgetaucht sind. Und – alle diese Frauen sind HIV-positiv."*

Ein „Sondergottesdienst" für HIV- und Aids-Patientinnen. Und wir mittendrin.

Ich sehe die Frauen an. Noch weiß ich nicht genau, wen ich da vor mir habe. Aber drei der Frauen lerne ich später noch genauer kennen:

Zum Beispiel die zweiunddreißig Jahre alte Vijaya. Eine sehr schmale junge Frau mit traurigen Augen. „Die Siegerin", diese Bedeutung ihres Namens scheint mir angesichts ihres Lebensschicksals zunächst wie Hohn. Vijaya erzählt mir stockend:

Sie ist Witwe. Zweifache Witwe. Kurz nach der Geburt ihres ersten Sohnes starb ihr Mann. An Aids. Eine Zeit lang hatte er in der Großstadt Madras gearbeitet und sich von dort das HI-Virus mitgebracht. Vor seinem Tod steckte er noch seine junge Frau an. Für sie begannen schreckliche Zeiten. Die Krankheit. Die Ausgrenzung. Das Kind. Der Kampf ums tägliche Brot.

Einige Jahre hielt Vijaya das durch. Wagte dann einen Neuanfang. Heiratete noch einmal. Bekam eine Tochter. Doch wieder blieb sie wenig später als Witwe zurück.

Witwe sein, das bedeutet in den Elendsvierteln, in denen Vijaya und unzählige ihrer Leidensgenossinnen leben: nicht mehr dazuzugehören. Gemieden und geächtet zu werden. Ausgestoßen zu sein.

Witwe sein ist an sich schon schwer genug. Doch Vijaya hat ja noch weitere „Mängel". Sie ist gleich doppelt verwitwet. Sie hat Aids. Und sie ist bitterarm.

Schon kurz nach dem Tod ihres zweiten Mannes muss Vijaya erleben, wie sie vom Vermieter ihrer Wohnung hinausgeworfen wird. Von einer Minute auf die andere. Eine „verfluchte" Frau wie sie will er nicht in seiner Hütte haben. Auch ihre Verwandten wollen erst nichts mit ihr zu tun haben und wenden sich ab.

Vijaya landet auf der Straße, im buchstäblichen Sinne. Sie haust, schläft, bettelt am Straßenrand. Oft ist sie von den Auswirkungen ihrer Krankheit sehr schwach. Sie kann nur im Liegen darauf warten, dass ein mitleidiger Mensch ihr etwas zu Essen vorbeibringt.

Doch dann bekommt sie Kontakt zu Christen, die sie sehen, sie ernst nehmen, ihr helfen wollen. Sie hört eine Predigt, die auf ihrer Straße gehalten wird. *„Der Herr ist mein Hirte"*, sagt dort ein Mann, den sie noch nie gesehen hat, der sie aber beeindruckt: Singh. Vijaya wird neugierig und entschließt sich vorbeizuschauen in der Gemeinde in ihrem Slumgebiet. Genau hier, in dem Gemeindehaus, in dem wir gerade sitzen. Sie schleppt sich zum Gemeindehaus. Als sie bei der Gelegenheit einer Sozialarbeiterin ihre verzweifelte Lage schildert, verspricht die ihr Hilfe. Und hält ihr Versprechen.

Heute lebt Vijaya zusammen mit ihren beiden Kindern in der kleinen Wohnung der Eltern. Ihre Mutter – ihr kranker Vater – ihre Schwester, deren Mann verschwunden ist – ihr Bruder – dazu noch Vijaya und ihre Kinder: eine Menge Menschen auf wenigen Quadratmetern.

Vijaya bekommt regelmäßig ein kleine Unterstützung von ihrer Gemeinde. Reis oder Öl zum Beispiel. Medikamente kann sie kostenlos im staatlichen Krankenhaus abholen. Durch einen kleinen Kredit der Nethanja-Gemeinde kann sie einfachen Schmuck einkaufen und mit dem Verkauf als fliegende Händlerin ein paar

Rupien verdienen. Doch mindestens so wichtig wie die Hilfen zum Lebensunterhalt und zur Behandlung ihrer Krankheit ist das, was ihr innerlich guttut: Die Gemeinschaft in der Gemeinde lässt sie aufblühen. Das Gefühl, nicht länger ausgegrenzt zu werden, hat ihr Leben verändert.

„Gott macht mich stark", sagt sie mir und blickt mir dabei selbstbewusst direkt in die Augen. *„Ich erlebe Gott als meinen guten himmlischen Vater, der mich versorgt. Die Gemeinde macht mir Mut zum Leben. Gerade jetzt in der Herausforderung von Krankheit und Leid erlebe ich: Gott ist treu!"*

Eine starke Frau. Eine, die weiß, was sie will und wohin sie gehört. Eine, die alles tut für ihre Kinder. Und von der andere sagen: Ihr Glaube ist tief und steckt an.

In dem besonderen Gottesdienst der Aidspatienten sitzt auch Lakshmi zwischen ihren Leidensgenossinnen. Wie lange sie schon mit dem HI-Virus leben muss, weiß sie nicht. Als sie vor zwölf Jahren ihre zweite Tochter bekam, wurden die Ärzte aufmerksam. Sie untersuchten erst das Blut des Babys. Dann das der gesamten Familie. Ergebnis: Die damals achtzehn Jahre junge Lakshmi, ihr Ehemann und ihre neugeborene Tochter sind infiziert. Nur die drei Jahre früher geborene Tochter ist gesund.

Diese Diagnose bedeutet für das Leben Lakshmis den absoluten Tiefpunkt. Dabei hatte sie auch ohne die Krankheit schon ein schweres Schicksal auf ihren schmalen Schultern. Sehr früh verheiratet – wie es in Indien zumindest in den untersten Schichten üblich ist. Ihr Mann Krimineller, Mitglied einer mafiösen Bande, verurteilt zu sieben Jahren Gefängnis. Während dieser Zeit muss Lakshmi die erste Tochter und das Baby allein durchbringen. Und den Kampf gegen die Krankheit bestehen.

Noch während ihr Mann in Haft ist, bekommt Lakshmi Kontakt

zu einer Nethanja-Gemeinde. Eines Tages kommt Singh zu ihr zu Besuch. Eine eindrucksvolle Begegnung, erzählt sie mir:

Der stattliche Mann muss sich tief bücken, um durch die Tür ihrer Slumhütte zu passen. Im Inneren dann richtet er sich auf. Und in diesem Augenblick, so berichtet Lakshmi, sei all die Finsternis ihres Lebens gewichen, und sie habe Licht vor sich gesehen. Und sich vorgenommen: Ich will nicht mehr so weiterleben wie bisher, ich möchte den richtigen Weg finden.

Bis heute rührt es sie zu Tränen, dass Singh „einfach so" zu ihr kam, sie und ihre Familie freundlich ansah, ihr krankes Baby in den Arm nahm und für das Kind und die ganze Familie betete.

Das Ende dieser Geschichte ist ein Anfang:

Heute gehen Lakshmi und ihr Mann, nachdem er seine Gefängnisstrafe abgesessen hat, gemeinsam mit den beiden Töchtern zur Gemeinde. Esther, die jüngere Tochter, hat eine schöne Stimme und singt deshalb im Chor mit. Als mir Lakshmi das erzählt, legt die zwölfjährige Esther los und singt ein Lied über die Liebe Jesu.

Lakshmi und ihre Familie müssen bis heute um ihren Lebensunterhalt kämpfen. Ihr Mann kann zwar ab und zu als Busfahrer Geld verdienen. Aber seine Krankheit hindert ihn oft daran zu arbeiten.

Im Gottesdienst sitzt auch die zierliche Hemanatha. Als Teenager schon wurde sie Mutter. Keine Zeit für die Schule. Sie kann bis heute weder lesen noch schreiben. Doch Hemanathas Sohn hat studiert und ist Ingenieur geworden. Auch deshalb, weil seine tapferen Eltern für ihn und seine Zukunft gekämpft haben. Hemanatha ist zu Recht stolz auf ihren Sohn.

Heute stellt Hemanatha ein einfaches Putzmittel her und verkauft es an Privatleute und Schulen. Ihr Mann verdient als Fahrer einer Autorikscha einigermaßen regelmäßig ein paar Rupien. Beide müssen damit leben, dass Aids ihnen oft alle Kräfte rauben möchte.

Eine arme und kranke Familie, denke ich. Aber als ich die beiden in ihrer winzigen Wohnung besuche, bekomme ich mächtigen Respekt. Die Schulbücher des Sohnes stehen säuberlich in einem Regal aufgereiht. Die Eltern besitzen nicht viel, aber sie haben ihr Leben gut auf der Reihe. Sie setzen sich in der Gemeinde ein. Sie geben sogar denen ab, die noch weniger haben als sie.

Warum ihr die Gemeinde so viel bedeutet, will ich von der zierlichen jungen Hemanatha wissen. Alle anderen Fragen bisher hat sie freundlich, aber mit knappen Worten beantwortet. Jetzt sprudelt es nur so aus ihr heraus:

„Ohne die Gemeinschaft in der Gemeinde wäre ich tot! Als wir hörten, dass wir Aids haben, hatte mein Mann ein paar Mal ernsthaft überlegt, sich und unsere gesamte Familie umzubringen. Wir trauten uns nirgendwo mehr hin. Wir fühlten uns schuldig. Wir waren uns sicher, dass niemand mehr mit uns zu tun haben wollte.

Aber dann kamen einige aus der Gemeinde immer wieder zu mir und luden mich ein. Und einmal sagten sie: ‚Wir wollen ein Fest feiern und gemeinsam dafür kochen, hilf uns doch. Koch du für uns.'"

Hemanatha traute damals ihren Ohren nicht: Sie, die ausgestoßene Kranke, sollte bei einem großen Fest kochen? Diese Einladung berührte sie in der Tiefe, das spüre ich auch Jahre später. Tränen schießen ihr in die Augen, aber sie spricht weiter: *„Ich konnte das erst gar nicht glauben. Ich dachte, da wäre ein Haken dabei, sie würden mich nur ausnutzen. Aber nein, diese Christen ließen mich wirklich kochen. Und sie gaben mir hinterher ein wenig Geld für meine Kinder und mich. Ich konnte es kaum glauben. Dieser Vertrauensbeweis hat mir neuen Lebensmut gegeben."*

Etwa fünfzehn Jahre ist das nun her. Inzwischen sind Hemanatha und ihr Mann Schritt für Schritt in die Gemeinde hineingewachsen.

„Ich bin durchs Gebet stark geworden", berichtet mir Hemanatha. *„Lesen kann ich nicht, aber manche Sätze aus der Bibel, die ich in der Gemeinde oder bei einem Fernsehgottesdienst höre, gehen mir lange nach und geben mir Kraft. ‚Der Herr ist mein Hirte' zum Beispiel, das ist mein Satz. Den werde ich nie vergessen."*

Zurück zu dem spontanen Gottesdienst in der Slum-Gemeinde. Zurück zu den meist alleinerziehenden, aidskranken jungen Müttern und ihren Kindern. Eben erst habe ich von Singh erfahren, was für eine spezielle Gemeinde hier zusammensitzt, im Schneidersitz auf dem Boden, direkt vor mir.

Sonst verbringen viele von ihnen den Sonntagvormittag in unterschiedlichen Nethanja-Gemeinden der Stadt. Einmal im Monat aber kommen sie hier zusammen. Weil sie einander in ihrem Leid gut verstehen und unterstützen können. Jetzt begreife ich, was für eine außergewöhnliche Gruppe von Frauen sich hier versammelt hat.

Singhs nächster Satz lässt mein Herz schneller schlagen: *„Jetzt wird Christoph aus Deutschland uns noch eine Andacht halten!"*

Singh weiß, dass es mir nichts ausmacht, spontan ein paar Worte vor Leuten zu sagen. Irgendwie fällt mir in den meisten Fällen eine passende Bemerkung ein. Jetzt aber stehe ich voll auf der Leitung. Was soll ich diesen so schwer belasteten und doch so tapferen Frauen sagen? Was könnte ich ihnen mitgeben, was ihnen Kraft geben könnte für ihren tagtäglichen Kampf?

Ich atme tief durch. Ich versuche meinen Blick schweifen zu lassen und möglichst vielen der jungen Frauen in die Augen zu sehen. Offen. Freundlich. Mit viel Wertschätzung. Ich sage ein paar einleitende Sätze. Versuche auszudrücken, wie sehr ich es bewundere, wie sie sich für ihre Kinder einsetzen. Und für sich selbst. Und dann nenne ich ihnen ein Vers aus der Bibel, der mir in den letzten Jahren sehr wichtig geworden ist: *„Der Herr ist denen ganz nah, die ein zerbrochenes Herz haben!“* (Psalm 34,19).

Ich muss nicht mehr viel auslegen oder erklären zu diesen Worten. Ich sehe den Gesichtern der Frauen an, dass sie verstehen. Gott ist nah. Manche haben diese Erfahrung wohl schon gemacht. Andere sehnen sich danach.

Ich spreche noch ein Gebet. Singh übersetzt es und segnet die außergewöhnliche Gemeinde. Danach bekommt jede der Frauen eine kleine Gabe der Nethanja-Gemeinde. Reis und etwas Öl für die nächsten Tage. Lebensmittel. Aber auch Liebeszeichen. Handfeste Erinnerungen daran, dass Gott nahe ist.

Zum Abschluss versuche ich noch, mich von möglichst jeder Frau zu verabschieden. Mit Augenkontakt. Und mit einem Handschlag. Obwohl sie alle Aids haben. Oder gerade deswegen.

Ich habe Tränen in den Augen, als wir auseinandergehen. Und bin bewegt, als sich Hemanatha nach der Begegnung bedankt: *„In der indischen Gesellschaft interessiert sich niemand für uns. Keiner will etwas hören von den Schmerzen, die unserem Herzen zu schaffen machen. Danke, dass ihr gekommen seid. Danke, dass ihr euch Zeit genommen habt, um zu hören, was uns bewegt. Danke, dass ihr die Gemeinschaft mit uns gesucht habt!“*

15

DAS VOLK AUS DEM DSCHUNGEL

Achtung, verehrte Leserin, verehrter Leser. Ich warne Sie davor, dieses Kapitel zu lesen. Falls Sie zartbesaitet sein sollten. Falls Sie nur das für wahr halten sollten, was unserer westlichen Zivilisation und unseren Moralvorstellungen entspricht. Falls Sie nur das glauben sollten, was sich sehen und wissenschaftlich nachweisen lässt.

Manche der Dinge, die ich in diesem Kapitel wiedergebe, könnten Sie ernsthaft verstören oder Sie aufregen. Ich warne Sie. Bitte achten Sie auf sich. Sie dürfen dieses Kapitel sicherheitshalber gerne überspringen.

Oder Sie wagen sich doch dran. Und lesen eine außergewöhnliche Geschichte, die Sie vielleicht kaum glauben können. Die aber nicht in der Steinzeit oder im Mittelalter spielt. Sondern heute.

Die Bonda sind da, tatsächlich. Sie sind herabgestiegen aus den von dichtem Dschungel bewachsenen Bergen, wo ihre Dörfer sich verstecken. Sie haben sich auf den langen Weg hierher nach Sileru gemacht. Und ich stehe jetzt mit offenem Mund da und betrachte die acht jungen Frauen und die drei jungen Männer aus diesem Naturstamm aus nächster Nähe. Wahnsinn.

Sehr klein gewachsen sind sie. Schüchtern und ein wenig verloren wirken sie hier in der kleinen Dschungelstadt Sileru. Die Männer in kurzen Shorts. Mit nacktem, muskulösem Oberkörper.

Die Mädchen behängt mit langen, bunten Ketten aus vermutlich hölzernen Kugeln und Plättchen. Miteinander verflochten bilden sie eine Art „Perlengewand“ als Oberteil. Dazu tragen die jungen Frauen einen bunt gewebten Schurz in Naturfarben. Und ein buntes Tuch um die Hüften. Golden glänzt der Schmuck, der durch die Nasenflügel gesteckt ist. Ihre kurz geschorenen Haare sind fast komplett bedeckt mit bunten Perlenschnüren. Einige der Frauen tragen schwere Metallringe um den Hals.

Unfassbar, das sind tatsächlich Bonda. Höchstens fünfundzwanzigtausend von ihnen leben im indischen Dschungel. Im schwer zugänglichen Grenzgebiet, wo die Bundesstaaten Andhra Pradesh, Orissa und Chhattisgarh aufeinanderstoßen. Genaue Zahlen gibt es offensichtlich nicht, trotz diverser Versuche, dieses wohl älteste Volk Indiens zu zählen. Viele Bonda leben ziemlich unerreichbar von der Zivilisation ein ganz anderes Leben als das moderne Indien. Seit Jahrtausenden schon leben sie so. Wenig hat sich seitdem an ihren Sitten und Gebräuchen verändert. Die Bonda sind Menschen, die sich mit dem Dschungel arrangiert haben. Waldmenschen, die von der Jagd und vom Sammeln leben. Noch bis zur Unabhängigkeit Indiens (Mitte des vergangenen Jahrhunderts) sollen die Bonda Kopfjäger gewesen sein. Ihre erschlagenen Feinde gegessen haben. So jedenfalls habe ich es gehört. Wirklich bestätigen konnte mir das Gerücht bisher niemand. Falls es stimmen sollte, dann könnten auch die Großeltern der schüchternen jungen Leute da vor mir … Besser nicht weiter drüber nachdenken.

Egal, ich bin fasziniert von den besonderen Menschen, die hier vor mir stehen. Jede der Frauen hat etwas Schmuck zum Tausch mitgebracht. Metallringe wie die, die sie selbst um den Hals tragen. Die Männer haben Pfeil und Bogen in der Hand. Eine Decke kriegen sie dafür. Ein für sie wertvolles Gut, das sehe ich ihnen an. Der weite Weg scheint sich gelohnt zu haben.

Doch bevor sie sich auf den Rückweg machen, beginnt für die Bonda der Spaß. Sie fordern mich und ein paar andere Männer zu einem kleinen Wettkampf im Bogenschießen auf. Drücken uns ihre selbst gefertigten Waffen in die Hand. Und beobachten uns mit erwartungsvollen Augen.

Ich atme durch, nehme den Bogen in die linke Hand, lege den Pfeil an die Sehne und halte ihn mit meiner rechten Hand. Dann suche ich festen Stand, will den Bogen anspannen – und scheitere. Meine Herren, der ist vielleicht straff. Mein sportlicher Ehrgeiz erwacht. Ich lege meine ganze Kraft in diese Bewegung hinein. Der Bogen muss doch mit Absicht so konstruiert sein. Durchatmen, Muskeln anspannen, ziehen – tatsächlich, jetzt schaffe ich es, die Sehne des Bogens ein kleines Stück zu mir zu ziehen. Ganz schön anstrengend ist das. Schweiß sammelt sich auf meiner Stirn. Nur für einen Moment schaffe ich es, länger kann ich die Spannung nicht halten. Zack, der Pfeil fliegt los. Na ja, schön wär's. Eigentlich fliegt er nicht richtig, sondern macht einen hilflos wirkenden kurzen Satz durch die Luft und landet dann im Gestrüpp.

Die Bonda-Männer schütten sich aus vor Lachen. Gerade noch guckten sie ernst und finster. Jetzt haben sie so richtig ihren Spaß mit mir. Auch ein paar andere anwesende Männer dürfen ihr Glück versuchen. Alle scheitern. Alle ernten freundliches Gelächter.

Am Ende greifen die Bonda-Männer dann selbst zu ihren Waffen. Ein kurzer Moment der Konzentration. Dann ziehen sie die Sehne viel weiter nach hinten, als es einer von uns geschafft hätte. Durchtrainierte Muskeln zeichnen sich unter der Haut der insgesamt eher schmächtigen Männer ab. Der Bogen spannt sich. Der Pfeil saust los und bohrt sich tief in einen Baum, der als Zielscheibe dient. Mein Pfeil hatte es nicht mal in die Nähe dieses Baumes geschafft. Peinlich, peinlich.

So begegnen sich Menschen aus vollkommen unterschiedlichen Hintergründen, mit unterschiedlicher Kultur und unterschiedlicher Sprache. Fast könnte man glauben: Diese Bonda leben in einem ganz anderen Zeitalter als ich. Doch das Lachen verbindet: Wir schütteln uns zum Abschied die Hände. Die Bonda sind gute Gewinner und motivieren uns, dranzubleiben, zu üben. Dann ziehen sie weiter. Zurück dorthin, wo sie hergekommen sind. In ein Gebiet, in das die indische Regierung bewusst kaum Besucher lässt. Die Bonda sollen ungestört so leben können, wie sie es wollen. Und nur dann Berührung mit dem 21. Jahrhundert haben, wenn sie das möchten.

Bonda-Frau Lydia zum Beispiel suchte schon vor Jahren bewusst den Kontakt zur Außenwelt. Wie alt Lydia ist, kann sie mir nicht sagen. Eine kleine, schmächtige Person, vielleicht einen Meter fünfzig groß. Verwittertes Gesicht. Dunkle Haut umrahmt von fast schwarzen Locken. Goldschmuck in einem der Nasenflügel. Wache Augen. Lydia trägt einen einfachen, gelben Sari und eine leichte Jacke darüber. Drei dünne Goldreifen ums linke Handgelenk. Ich schätze Lydia auf um die siebzig, aber es könnten auch einige Jahre weniger oder etliche mehr sein. Auch ihren früheren Namen kennt sie nicht mehr, vielleicht will sie sich auch gar nicht mehr daran erinnern.

Denn als junge Bonda-Frau lebte sie nicht im Himmel auf Erden, genoss nicht das paradiesische Leben in freier Natur. Sie erlebte ein streng reglementiertes, menschenverachtendes, brutales System, das ihr und vielen anderen Bonda das Leben schwer machte. Geprägt von Angst. Rache. Aberglaube. Und Kinderopfern.

Ich kann nicht fassen, was Lydia mir wie nebenbei erzählt: Die Bonda opfern ihre Kinder? Ich muss dieser Frage unbedingt nachgehen. Und bin froh, dass ich heute – im September 2016 – Lydia und noch weitere Bonda treffen kann. Ich bin gespannt darauf, was sie mir berichten werden.

Schon ihr Vater habe sich gewehrt gegen viele der alten Gebräuche, erzählt mir Lydia. Deswegen sei sie nicht in einem Bonda-Dorf aufgewachsen, sondern in einer einsamen Behausung mitten im Dschungel. Ganz bewusst sei die Familie weggezogen von den anderen Bonda. Aus Angst. Ja, an die Zeit im Dorf habe sie auch schöne Erinnerungen. An die Tänze und die Gesänge zum Beispiel. Aber die Angst sei wie ein Schatten immer dabei gewesen. Die Angst, dass eines Tages sie selbst oder einer ihrer Brüder und Schwestern den Göttern geopfert werden müsste. Geopfert!

So wächst Lydia nur mit ihrer Familie auf. Ihr Vater ist ein guter Jäger, versorgt seine Familie mit Fleisch. Wildschwein, Hirsch, Wildesel. Der Dschungel ist ein reich gedeckter Tisch für einen Jäger, der sein Handwerk versteht.

Irgendwann wird Lydia verheiratet. Sie zieht mit ihrem Mann in ein Dorf, bekommt drei Kinder. Und wird schon in jungen Jahren Witwe. Um die Kinder durchzubringen, wird sie Händlerin. Und Wanderin zwischen den Welten.

Sie sammelt Beeren und Nüsse. Sie bindet einfache Besen aus den Fasern großer Urwaldblätter. Lädt sich alles auf den Rücken und zieht nach Gumma, einem winzigen Markt im Dschungel, den sie zu Fuß in ein paar Stunden erreichen kann. Dort tauscht sie ihre Ware gegen Lebensmittel ein. Oder gegen Dinge, die sie brauchen kann.

Etwa 1990 ist das, Lydia ist damals wohl so Mitte vierzig. Sie kämpft ums Überleben. Sie fürchtet um das Leben ihrer Kinder. Und sie staunt über zwei Männer, die Woche für Woche zu ihr auf den Markt kommen und das Gespräch suchen. Der jüngere der beiden spricht die Bonda-Sprache, er stammt selbst aus einem Nachbarstamm. Er übersetzt, was der ältere der beiden Männer mit

Lydia besprechen will. Erst „Geschäftliches“ über Preise und Verkaufserfolge. Dann macht der Fremde ihr ein Kompliment: *„Du bist so eine schöne Frau. Es wäre doch wunderbar, wenn auch dein Herz schön würde, weil du Gott kennenlernst.“*

Lydia wundert sich. Und insgeheim freut sie sich. Noch nie im Leben hat ihr jemand ein Kompliment gemacht.

„Wir Bonda fühlen uns als verfluchtes Volk“, versucht sie mir zu erklären.

„Unsere Frauen schneiden sich deshalb die Haare ab. Wir fühlen uns von niemandem gesehen und geliebt. Keiner will mit uns etwas zu tun haben.“

Die Männer kommen immer wieder. Es sind zwei Pastoren, Amos und Singh. Die beiden sprechen mit Lydia. Nehmen sie ernst. Lernen sie immer besser kennen. Kaufen ihr regelmäßig einen Besen ab und übervorteilen die Analphabetin dabei nicht. Nehmen sie als Menschen wahr, das spürt sie.

„So haben Amos und Singh allmählich mein Vertrauen gewonnen“, berichtet mir Lydia strahlend. Zwei, drei Jahre lang kommen die beiden immer wieder.

„Sie erkundigten sich nach mir. Sie hatten Zeit für mich. Sie erzählten mir von Jesus.“ Eines Tages sagt Lydia den beiden: *„Ich will auch mit Jesus leben.“*

Nach vielen weiteren Gesprächen spricht sie ein Gebet. Wird getauft. Die erste Christin aus dem Volk der Bonda. Und eben deswegen bekommt sie den Namen „Lydia“. Wie die allererste Christin Europas.

„Unsere Bonda-Götter machen uns kaputt und saugen uns aus. Ich bin so froh, dass ich den guten Gott gefunden habe. Ich erlebe seine Liebe. Ich erlebe, dass er es gut mit mir meint.“

Schlichte Worte einer ungebildeten Frau. Einer Pionierin.

Lydia erlebt eine schier dramatische Veränderung. Sie kann jetzt

Ja zu sich selbst sagen. Sie wagt es, sich die Haare wachsen zu lassen. Sie kleidet sich so, wie sie es schön findet. Im Dorf gibt es dafür kein Verständnis. Sie wird nicht mehr eingeladen zu Hochzeiten und anderen Festen. Niemand isst mehr, was Lydia kocht.

Doch manche der Bonda sind so bewegt von Lydias Lebensveränderung, dass sie sich heimlich mit ihr treffen. Interessiert nachfragen. Immer mehr wissen wollen von diesem Gott der Liebe.

Lydia erzählt mir, dass sie heute gerne über ihren Glauben spricht. Sie kann nicht lesen und nicht schreiben. Eine Bibel in der Bonda-Sprache gäbe es ohnehin nicht. Es sind wenige Kernsätze, die sie verstanden und für sich mit Leben gefüllt hat. Die sie bei ihren Gesprächen mit den anderen teilt. Und über die sie gelegentlich auch in kleinen Gottesdiensten spricht.

„Jesus ist der Gott, der es mit uns allen gut meint", ist so ein Satz.

Oder *„Wenn ihr ein Herz voller Frieden bekommen wollt, dann vertraut dem Gott der Liebe"*.

Über sechzig Bonda sind durch das Vorbild Lydias schon zum Glauben gekommen, ergänzt Amos. Amos ist heute als Dekan verantwortlich für eine ganze Reihe kleiner Gemeinden im Dschungel. Auch und gerade für die wenigen Christen unter den Bonda. Denn die Bonda mit ihren blutrünstigen Traditionen und ihren Kinderopfern bräuchten die Freiheit ganz besonders, die Jesus seinen Nachfolgern anbietet.

„Kinderopfer …?", frage ich nach.

„Ja, natürlich. Bis heute", antwortet Amos. Und stellt mir Jairadsch vor. Einen Bonda. Einen Christen. Einen, der wie Lydia gerne und überzeugend das Evangelium unter seinen Stammesleuten verbreiten will.

Jairadsch kommt schnell auf das knifflige Thema zu sprechen, schon kurz nachdem unser Gespräch begonnen hat. Er sei in einer sehr religiösen Familie aufgewachsen, berichtet er mir. Besonders geformte Steine seien gesammelt und um das Haus gelegt worden. Symbole für die Stammesgötter. Dort wurde geopfert. Mindestens zweimal im Jahr musste ein Tier dran glauben. Und ziemlich regelmäßig auch ein Kind.

„Warum nur?", will ich wissen.

Jairadsch zuckt die Achseln: *„Die Götter sollten nach einer langen Dürre besänftigt werden. Oder ein Medizinmann befahl in Trance: ‚Die Götter fordern Blut.'"*

Bis Jairadsch vierzehn Jahre alt ist, sei fast in jedem Jahr ein Kind geopfert worden, sagt er. Und jedes Mal habe er – wie das ganze Dorf – dabeigestanden und zugesehen, berichtet mir Jairadsch. Ein ernster, besonnener Mann. Einer, an dessen Worten ich eigentlich keinen Zweifel haben müsste. Wenn es nicht so ungeheuerlich wäre, was er mir da erzählt.

Als Jugendlicher wird Jairadsch von Angst gepackt. Die fürchterlichen Traditionen treiben ihn zur Verzweiflung. Und er fürchtet: Ich könnte der Nächste sein, der abgeschlachtet wird. Denn seine Mutter wird nach dem Tod ihres Mannes immer extremer. Sie tötet Tiere, indem sie ihnen mit den eigenen Zähnen den Hals durchbeißt. Sie trinkt das Blut. Jairadsch ist entsetzt. *„Meine Mutter muss damals von bösen Geistern besessen gewesen sein"*, sagt er.

Jairadsch flieht. Seine Angst flieht mit. Er trinkt viel zu viel, droht zu verwahrlosen. Auf einem langen und kurvenreichen Weg bekommt er Kontakt zu Christen. Landet in einem Dorf, in dem gerade ein weißer Mann zu Besuch ist. Der erste Mensch mit so seltsam bleicher Haut, den er zu Gesicht bekommt. In einer vollkommen unverständlichen Sprache spricht der Mann. Doch weil er übersetzt wird, kann Jairadsch zumindest einiges verstehen. Um die Liebe geht es. Um das Ende der Angst. Um Jesus.

Der weiße Mann, den Jairadsch erlebt, ist kein anderer als Karl Ramsayer. Der Diakon aus Württemberg, der ganz am Anfang der Nethanja-Kirche stand. Der sie über Jahrzehnte mit geprägt hat. Jairadsch lernt von ihm die Grundbegriffe des christlichen Glaubens. Er übt ein Leben als Nachfolger Jesu ein. Nach einer Zeit des Lernens geht er zurück zu seinen Leuten, um ihnen von alldem zu berichten.

Natürlich ist ihm klar, dass er sich damit in Lebensgefahr begibt.

Aber Jairadsch hat keine Angst mehr. Mutig spricht er über die Liebe Gottes. Darüber, dass die Bonda nicht von Gott verflucht sind, sondern geliebt.

Eine Botschaft, die auch Mangola Dora zu seiner Lebensaufgabe gemacht hat. Der Bonda-Mann Mitte 40, Vater von drei Mädchen und zwei Söhnen, weiß genau: Mindestens eines seiner Kinder wäre nicht mehr am Leben, wenn er nach den alten Traditionen leben würde. Ähnlich wie Jairadsch ist er geflüchtet, wollte heraus aus dem Klima von Angst und Aberglauben. Als eine lebensgefährliche Krankheit ihn bedrohte, suchte er Hilfe bei dem Gott, von dem die Christen sprachen. Dass er wieder ganz gesund wurde, ist für ihn ein klares Zeichen.

„Jesus ist stärker", betont er. Stärker als all die Götter, die die Bonda-Medizinmänner und Zauberpriester beschwören.

„Ich bin dankbar, diesen Weg in die Freiheit gefunden zu haben", sagt Mangola Dora mir. Jetzt möchte er seine Erfahrung an seine Familienangehörigen und an die Mitglieder seines Stammes weitergeben: *„Sie sollen die frohe Botschaft von Jesus von mir als Bonda hören. In unserer Sprache. In unserer Kultur."*

Für seine Botschaft erntet Mangola Dora nicht überall Begeisterung. Mit Pfeil und Bogen wurde schon auf ihn geschossen. Ein paar Mal sind Bonda mit dem Messer auf ihn losgegangen. Doch Mangola Dora lässt sich dadurch nicht abhalten.

Genauso wenig wie Lydia. Genau so wenig wie Jairadsch. Gerade weil sie Bonda sind. Gerade weil sie gelitten haben unter den dunklen Gebräuchen ihres Stammes, wollen sie Licht und Hoffnung bringen.

Die Botschaft, mit der Jairadsch unterwegs ist, ist in einem Satz aus dem Neuen Testament zusammengefasst: *„Gott hat die Welt so sehr geliebt, dass er seinen einzigen Sohn gegeben hat. So können alle, die an ihn glauben, das ewige Leben bekommen"* (Johannes 3,16).

Die Bonda horchen bei diesem Satz ganz besonders genau hin, erzählt er mir. *„Gott hat seinen einzigen Sohn gegeben? Gott hat tatsächlich seinen Sohn für uns geopfert?"*

„Ganz genau", erklärt ihnen Jairadsch. *„Und deswegen macht endlich Schluss damit, eure Kinder zu opfern."*

Eine drastische Botschaft. Eine, die von manchen Bonda vielleicht besser verstanden wird als von uns.

Etwa 40 Familien seien durch seine Predigten im Laufe von etwa zwei Jahrzehnten Christen geworden, sagt mir Jairadsch. Sie lebten nicht mehr in der Finsternis, sondern im Licht. In ihrer alten Kultur und oft unter ihren alten Stammesleuten. Aber geprägt von den Worten Jesu und von seiner Liebe.

Und dort, wo früher Blut für die Stammesgötter floss, stehe heute eine kleine Kirche, sagt Jairadsch mir noch.

Dann verabschieden wir uns, bevor die drei mit Amos zurückgehen ins Bonda-Gebiet.

„Bete für unseren Stamm, vergiss die Bonda nicht!", sagt mir einer.

Nein, ich werde diese Begegnung niemals vergessen.

16

MIT DEM WUNDER RECHNEN

Was tut ein junger Pastor, wenn er fernab der Zivilisation sehr krank wird? Singh bleibt nichts anders übrig als zu beten. Denn er erkrankt 1982 ausgerechnet im Siler-Dschungel. Weit entfernt vom nächsten Krankenhaus und vom nächsten Arzt. Ohne medizinische Hilfe in erreichbarer Nähe. Ein paar Tabletten gegen Fieber – mehr Hilfsmittel hat er nicht, als ihn die Malaria packt.

Doch trotz seines inbrünstigen Gebets verschwindet die Malaria nicht. Im Gegenteil. Er fühlt sich schwächer und schwächer. Dazu leidet er unter hohem Fieber und unter Schüttelfrost. Die Muskeln schmerzen. Die Verdauung ist total durcheinander.

Bald wird klar: Das hier ist mehr als eine „gewöhnliche" Malaria. Singh hat sich offensichtlich eine besonders gefährliche und besonders hartnäckige Form eingefangen, eine sogenannte Gehirnmalaria. Wer darunter leidet, kann Bewusstseinsstörungen bekommen und ins Koma fallen. Die meisten Patienten überleben die Krankheit nicht.

Singh bekommt es mit der Angst zu tun, als ihm klar wird, gegen welche Krankheit er zu kämpfen hat. Er spürt, dass seine Kräfte nachlassen. Dass es bis zum Koma nicht mehr lange dauern wird. Mit letzter Kraft ruft er nach den Ältesten seiner Gemeinde. Die kommen sofort. Sie fasten, beten, wachen an seinem Bett.

Das Wunder geschieht. Singhs schwacher Körper überwindet die Gehirnmalaria. Normalerweise würde der Weg aus der Krankheit heraus zu einem einigermaßen normalen Leben viele Wochen dauern. Singh aber wachsen unerwartet schnell neue Kräfte zu. Wenige Tage nach dem Gebet der Ältesten kann der junge Pastor wieder predigen.

„So ist es, wenn Gott heilen will", kommentiert Singh in der Rückschau. Ernst wirkt er dabei. Und doch voll von kindlichem Vertrauen.

Wenn Singh heute von solchen Wundern spricht, dann hört sich das an, als ginge es um eine ziemlich selbstverständliche Angelegenheit. Er hat es oft erlebt, dass Gott sichtbar eingreift. Damals im Siler-Dschungel. Auf vielfältige Weise in Slums und Kirchen. Auf dem Land und in Städten.

Auch im Jahr 2008, bei einer kleinen Veranstaltung im Dschungel:

Singh und sein Team sind unterwegs und besuchen verschiedene neu gegründete Gemeinden. Sie wollen die wenigen Christen in der Region unterstützen und ihre Nachbarn und Freunde zum Glauben an Jesus einladen. An den Gott, der es gut meint mit den Menschen.

Singh predigt bei einer Gemeinde, die nur aus einer Hand voll Menschen besteht. Wenige Zuhörer sind gekommen, um ihn anzuhören.

Während der Predigt plötzlich Unruhe. Männer aus dem Nachbardorf kommen näher. Man hört ihre Rufe, dann ihre Schritte im Busch. Auf einer Trage aus Bambus schleppen sie einen Schwerkranken herbei. Der ist mehr tot als lebendig, atmet nur noch flach, hat Schaum vor dem Mund. Singh erfährt, was geschehen ist: Mitten im Dschungel hat eine Giftschlange den Mann gebissen.

Freunde schleppten ihn zurück ins Dorf und holten Hilfe. Aber die Kraft der Medizinmänner und Heilkundigen reichte nicht aus. Sie verlangten zwar Opfer – ein paar Eier, ein Huhn, eine Ziege. Helfen aber konnten sie dem Mann nicht. Jetzt liegt er im Sterben.

„Könnt ihr nicht etwas für ihn tun?", fragt einer von denen, die den Mann hierhergeschleppt haben. Besonders zuversichtlich klingt seine Frage nicht.

Singh und seine Mitarbeiter handeln, ohne dass sie sich dazu absprechen müssten: Ein Pastor legt seine Hand auf die Stelle, wo die Schlange zugebissen hat. Zwei andere knien sich neben den Mann und fangen an für ihn zu beten. Nach einer Weile greift einer der Pastoren zu einem Messer und öffnete die Wunde. Blut und Gift schießen heraus, der Kranke verliert das Bewusstsein.

Die Umstehenden stöhnen auf, sie denken: Das war es jetzt. Sie haben schon oft gesehen, wie Menschen nach einem Schlangenbiss qualvoll sterben mussten. Doch nach einer Stunde schlägt der Mann die Augen auf. Langsam erholt er sich und wird wieder vollkommen gesund.

„Gott hatte noch etwas mit ihm vor", lächelt Singh, als er diese Erfahrung erzählt. *„Dieser Mann sollte leben. Nach seiner Heilung ist er Christ geworden und arbeitet selbst als Pastor."* Heute will der Geheilte anderen erzählen, wie er selbst das Eingreifen Gottes erlebte. Und sie dazu einladen, auch auf Gott zu vertrauen.

„Warum heilt Gott denn in Indien so spektakulär, und warum tut er es so selten bei uns in Europa?"

Singh zögert mit der Antwort. Meine Frage fordert ihn heraus.

Mit der großen Not der Menschen und mit ihrer Armut hänge das wohl zusammen, meint er. Mit ihrer Hilflosigkeit und mit ihren Erwartungen.

Und dann vergleicht er die Lebenssituation in Indien mit der in Europa: Wer in Deutschland ein Problem hat, der ist bestens abgesichert. Krankenversicherung, Unfallversicherung, Sozialversicherung – all das aber steht den meisten Indern nicht zur Verfügung. Wer in Indien ernsthaft krank wird, der braucht Geld. Wenn er keins hat, kriegt er keine Hilfe, weder von einem Arzt noch in einem Krankenhaus.

In einer Notlage fangen die Christen der Nethanja–Kirche im Siler-Dschungel deshalb ganz selbstverständlich an zu beten. Sie wissen: Das nächste Krankenhaus ist weit. Kein Arzt könnte es rechtzeitig hierher schaffen. Hier kann kein Mensch helfen. Nur Gott selbst kann das tun. Und entsprechend beten sie auch. Mit einfachen Worten, wie Kinder, voller Vertrauen Gott gegenüber. Und Gott schenkt ihnen tatsächlich oft die Erfahrung eines Wunders. Sie selbst und ihre Umgebung erleben: Jesus ist mächtiger als alle anderen Mächte. Auch stärker als Krankheit, Angst, Hass.

„Wir sind keine Glaubenshelden", betont Singh. *„Wir haben nicht mehr Heilkraft als die Christen in Deutschland oder sonst wo in der Welt. Wir nähern uns Gott mit zitterndem Herzen und mit großer Erwartung und sagen zu ihm: Ich bin nicht würdig, ein Wunder zu erleben, Herr."*

Gerade dann – so seine Erfahrung – geschieht oft das Unmögliche, kann Gottes Gnade wirken, werden Menschen gesund.

„Nein, es liegt nicht an mir, wenn ein Mensch gesund wird, es liegt daran, was Gott mit einem Menschen vorhat", wiederholt er. *„Als Bischof habe ich kein bisschen mehr Kraft als irgendeines meiner Gemeindeglieder. Manchmal erleben wir, dass Gott gerade das Gebet von sehr einfachen Menschen erhört, von Analphabeten, von Menschen, die nie eine Schule besucht haben. Wir sehen: Diese Menschen beten, und Gott heilt."*

Singh berichtet von Isaak, einem Pastor der Nethanja-Kirche. Isaak ist selbst unheilbar krank, leidet an einer besonderen Form von Tuberkulose. Doch erstaunlicherweise erlebt die Gemeinde es oft, dass Gott gerade nach dem Gebet dieses Mannes Heilung schenkt.

Als Wunder Gottes betrachtet Singh aber nicht nur körperliche Heilungen. Das ganze alltägliche Leben in Indien sei abhängig von der Gnade Gottes, berichtet er. Schon bei der Fahrt mit dem Auto auf den katastrophalen Straßen geht es los: Ein Wunder, dass ihm auf seinen vielen Fahrten von Gemeinde zu Gemeinde noch nie etwas Ernsthaftes zugestoßen ist. Obwohl er Jahr für Jahr an die 30 000 Kilometer zurücklegen muss. Meist auf engen, kurvenreichen und schlecht befestigten Straßen auf dem flachen Land. Nicht selten im lauten Verkehrsgewirr der Millionenstadt Visakhapatnam. Jede gute und unfallfreie Ankunft ist da ein Wunder für sich. Singh tritt deshalb keine Fahrt an, ohne zunächst um Bewahrung auf den Straßen zu bitten. Und am Ziel dankt er Gott und lobt ihn.

Ein Wunder auch die Geschichte der zwölfjährigen Ramia. Weinend und zitternd kommt das Mädchen eines Tages zu Singh, erzählt vom jähzornigen Vater, vom Alkohol, von der Brutalität, vom finanziellen Engpass der Familie. Der Bischof soll bitte darum beten, dass der Vater auch zu Jesus findet und zur Vernunft kommt, fleht sie.

Ein Jahr lang geschieht das, Singh und seine Mitarbeiterinnen und Mitarbeiter beten treu für den Vater, das Mädchen, die ganze Familie. Ohne dass sich irgendetwas verändern würde.

Doch eines Tages taucht die gesamte Familie im Gottesdienst auf. Singh kann es nicht fassen, geht auf den strahlenden Vater zu. Der gibt sich als frischgebackener Christ zu erkennen.

„Wie ist das denn möglich?“, erkundigt sich der fassungslose Singh. Und fragt nach, bei welcher Predigt denn das Herz des Mannes be-

rührt worden sei. Die Antwort des Mannes ist für Singh ein Wunder, und beileibe kein kleines:

„Da war keine Predigt nötig", antwortet der Mann.

„Eines Abends bin ich nach Hause gekommen und habe beobachtet, wie meine Tochter auf dem Boden kniete und laut für mich gebetet hat. Für mich! Das hat mich im Innersten berührt. Ich habe meine Leben komplett verändert."

Danach war mit einem Schlag Schluss mit dem Alkohol. Der einst saufende und prügelnde Vater vertraute sein Leben Jesus an.

„Ein Wunder", wiederholt Singh nachdenklich, *„ein großes Wunder. Heute ist dieser Mann ein wichtiger Mitarbeiter in seiner Gemeinde. Und er singt gemeinsam mit seiner Tochter im Chor Lieder über die Größe Gottes."*

Stundenlang könnte Bischof Singh von Wundern ganz unterschiedlicher Art berichten: von dem jungen Mann mit der kaputten Leber, den die Ärzte längst aufgegeben hatten. Und der nach intensivem Gebet wieder zu sich kam und kerngesund wurde.

Von der Frau, die unter fürchterlichen Nierenschmerzen litt. Nach einer Veranstaltung kam sie auf Singh zu und bat ihn, für sie zu beten. Schon am nächsten Morgen suchte sie ihn wieder auf und sagte: *„Ich bin geheilt!"*

Von Hagia, die als Teenager ihre Stimme verloren hatte. Aus einer sehr religiösen Hindu-Familie stammte sie, hielt sich an alle Regeln, opferte, betete, huldigte den Göttern. Und erlebte doch, wie die Familie immer tiefer in die Armut rutschte. Dann wurde Hagia auch noch schwer krank und konnte nicht mehr sprechen. Es ging einfach nicht mehr, obwohl sie noch mehr opferte, noch strenger all das tat, was der Hindu-Priester befahl. In ihrer Verzweiflung schrieb sie auf einen Zettel: *„Lasst mich in Ruhe mit den toten Göttern. Ich will einen Gott, der lebt und der die Kraft hat, mir zu helfen!"*

Freunde brachten Hagia zum Pastor einer Nethanja-Kirche. Der betete für sie und nahm sie mit zum Gottesdienst. Dort sangen die Kinder der Gemeinde ein Lied über die Stärke Gottes. Als das Lied zu Ende war, sagte Hagia spontan *„Amen"* dazu.

Ihr erstes Wort nach langer Zeit. Das einzige, was sie in diesem Augenblick aussprechen konnte. Ganz allmählich erst kam die Fähigkeit zurück, Sätze zu bilden.

Fast zwei Jahrzehnte ist das her. Heute ist Hagia verheiratet mit Amos, einem Pastor und Nethanja-Dekan in einem entlegenen Dschungelgebiet. Unterstützt ihn bei seiner Arbeit und benutzt dabei gerne ihre kräftige Altstimme. Ein Wunder.

Singh berichtet auch von dem Pastor, der im Dschungel von Terroristen eingeladen wurde. Natürlich hatte er den Verdacht, dass sie ihn in eine Falle locken wollten. Doch er nahm die Einladung an, um mit ihnen ins Gespräch zu kommen. Vor der gemeinsamen Mahlzeit hielt er eine Andacht über einen Satz aus Psalm 23: *„Du bereitest vor mir einen Tisch im Angesicht meiner Feinde."*

Als er nach Hause zurückgekehrt war, merkte er: Das Essen war vergiftet. Schnell spürte er die Wirkung des Giftes. Er rechnete mit dem Tod. Gemeinsam mit seiner Frau betete er um Heilung. Und erlebte, dass ihm das tödliche Gift nichts anhaben konnte.

Von dem Lastwagenfahrer, der als Einziger in der Familie an Jesus glaubte. Er wollte seine einzige Tochter aufs College schicken, doch dafür fehlte es ihm an Geld. Er betete Sturm und bat Singh, mitzubeten. Und tatsächlich: Seine Firma zahlte ihm eine unerwartete Versicherungssumme aus, die seine Finanzprobleme mit einem Schlag beendete. Doch nur ein Jahr später erfuhr der Mann, dass er an einem schlimmen Krebs litt. Wieder wurde Sturm gebetet. Doch diesmal halfen die Gebete nicht, jedenfalls sah es auf den ersten Blick so aus.

Der Mann starb. Doch er bat vorher noch seinen Pastor um eine christliche Beerdigung. Seine Familie sollte dabei das Evangelium von Jesus hören. Tatsächlich: Kurz nach der Beerdigung schlossen sich seine Witwe und seine Tochter der Nethanja-Kirche an. *„Ein Wunder ist geschehen, wir haben in dieser Familie die Auferstehungskraft Jesu erlebt"*, kommentiert Bischof Singh.

Und erzählt weiter, als ich ihn darum bitte. Von Pastoren, Bibelfrauen, normalen Gemeindegliedern, die zu Notfällen geholt werden. Sie kommen und beten, egal ob der Kranke da vor ihnen Christ ist oder nicht. Sie beten und kommen wieder, zwei Tage lang, drei Tage lang, manchmal wochenlang. Und oft erleben sie dann das Wunder: Die Krankheit ist besiegt. Der Kranke kann aufstehen und wieder zu Kräften kommen. *„Eine Garantie dafür haben wir nicht"*, sagt der Bischof. *„Unsere einzige Garantie ist: Jesus Christus ist da, gerade bei den Menschen, die leiden müssen."*

Niemand in der Nethanja-Kirche führt Listen über solche außergewöhnlichen Erfahrungen mit Gott. Niemand denkt darüber nach, solche Erfahrungen von Wissenschaftlern hieb- und stichfest überprüfen zu lassen. Heiko Krimmer aus Württemberg, Singhs Förderer und väterlicher Freund, hielt etliche solcher Berichte in einer eigenen Reihe von Büchern fest. In Deutschland haben diese Bücher über Wunder in Indien weite Verbreitung gefunden. Eine Übersetzung in Telugu (die Sprache, die in Singhs Kirche gesprochen wird) ist aber nicht geplant. Wunder gehören hier ganz offensichtlich einfach dazu.

Die Nethanja-Kirche und ihr Bischof machen kein großes Getue um solche außergewöhnlichen Erfahrungen mit Gott.

Sie laden nicht zu „Heilungsshows" ein, machen keine plakative Werbung mit der Kraft Gottes. Sie beten einfach, ganz selbstverständlich, treu und mit hoher Erwartung. Jeden Freitag trifft sich eine Gruppe von Pastoren und Gemeindegliedern zum Gebet und denkt dabei besonders an Kranke in der Gemeinde. Eine Fürbitte aus ganzem Herzen, die den Namen des Kranken vor Gott nennt.

Sorgen macht sich Singh nur um eins: dass manche Menschen falsche, überzogene Erwartungen an Gott entwickeln könnten. Denn auch in der Nethanja-Kirche geschieht es oft, dass gebetet wird und ein Kranker keine Heilung erlebt.

„*Jesus hat ja auch nicht die gesamte Welt geheilt, als er als Mensch unter uns Menschen wirkte*“, erklärt Bischof Singh.

„*Er hat mit seinen Heilungen Zeichen der Größe Gottes gesetzt. Um solche Zeichen beten auch wir in Indien. Und wir erleben sie.*“

Zurück zur Gehirnmalaria, die Singh mit Gottes Hilfe überwindet. Er stirbt nicht an dieser Krankheit. Aber er wird viele Jahre lang durch regelmäßig wiederkehrende, bohrende Kopfschmerzen an sie erinnert. Einmal im Monat meldet sich die längst überwundene Gehirnmalaria zurück und plagt Singh.

„*Da kann man nichts machen, das ist ganz normal nach einer so schweren Krankheit*“, kommentieren seine Ärzte.

Singh und seine Mitarbeiter beten weiter. Treu. Jahrelang. Ein Jahrzehnt lang.

Bis die Kopfschmerzen eines Tages verschwunden sind.

Vollständig verschwunden.

17

UND WENN GOTT NICHT EINGREIFT?

Ratna Raju ist ein ernster Mann. Seine tief dunkle Haut wirkt durch das schneeweiße Hemd noch eine Spur dunkler. Und auch sein Gesichtsausdruck unterstreicht diesen Eindruck: Ernst, verschlossen, ja finster wirkt der Neunundfünfzigjährige, der mir gegenübersitzt. Kein Wunder angesichts der Geschichte, die er zu erzählen hat. Die er durchlebt und durchlitten hat – und bis heute durchleidet.

Dabei beginnt Ratna Rajus Lebensgeschichte gleich mit mehreren Wundern hintereinander. Als er sie mir erzählt, öffnet sich sein Gesicht immer ein Stückchen mehr. Als ginge ein Fenster auf zu einem fröhlichen Teil dieses Mannes. Einem Teil, der im Augenblick versteckt in den Tiefen seiner Persönlichkeit liegt.

1977 ist Ratna Raju Soldat in der indischen Armee. Ein Traumjob für einen gut gebauten, kräftigen, ehrgeizigen jungen Kerl wie ihn. Ein Job, mit dem er es weit bringen kann. Doch überraschend schlägt Ratna Raju die mögliche Karriere aus. Quittiert den Dienst bei der Armee. Geht als Bote Gottes ins Nichts. Ratna Raju entscheidet sich für ein Leben im Siler-Dschungel. Für die Menschen, die dort leben. Ausgerechnet.

„Warum bloß?", frage ich ihn, als wir auf seiner Terrasse zusammensitzen, im Schatten eines Vordachs, an einem schwülen Nachmittag. Wir haben gerade Regenzeit im September 2016. Ratna

Raju wischt sich immer wieder den Schweiß mit einem großen Taschentuch von der Stirn.

„Warum schmeißt ein junger Mann seinen guten Job hin und kommt ausgerechnet hierher?“

Ratna Raju holt Luft, dann erzählt er mir von seiner ungewöhnlichen Berufung. Einen Traum habe er gehabt. Da sei es um arme Menschen gegangen, um getriebene, gefangene, unfreie Menschen. Besetzt von teuflisch bösen Mächten. Sie litten und schrien, aber niemand half ihnen.

„Als ich aufwachte, wusste ich: Ich muss in den Siler-Dschungel gehen. Ich muss dort die gute Nachricht von der Freiheit hinbringen. Ich darf diese Menschen nicht im Stich lassen.“ Gesagt, getan. Wunder Nummer eins.

Der Siler-Dschungel im Bergland am Rande des Bundesstaats Andhra Pradesh ist zu dieser Zeit kaum erschlossen. Nicht einmal ordentliche Straßen führen dorthin. Im Siler gibt's keinen Strom. Kein Telefon. Keine Kanalisation. In dem riesigen Waldgebiet im Bergland leben Menschen unter ziemlich unzivilisierten Verhältnissen. Viele aus verschiedenen Naturstämmen. Verstreut in kleinen Ansiedlungen. Voneinander getrennt durch Berge und in der Regenzeit reißende Flüsse. Das Indien, das Ratna Raju kennt, ist längst in großen Schritten auf dem Weg in die Moderne. Im Siler aber ist die Zeit stehen geblieben. Einige der Stämme hier leben fast wie ihre Vorfahren in der Steinzeit.

Auf einen begeisterten jungen Christen und seine Freiheitsbotschaft wartet hier niemand. Doch Ratna Raju lässt sich von den schlechten Vorzeichen nicht abhalten, im Gegenteil. Als Pionier zieht er unermüdlich von Dorf zu Dorf. Er spricht mit den Leuten. Er predigt. Er lädt sie zum Glauben an Jesus Christus ein. Lädt sie ein, den alten Göttern abzuschwören, die sie versklaven und immer neue Opfer von ihnen fordern. Macht ihnen Mut, sich Jesus anzuvertrauen. Weil Jesus frei macht. Weil Gott wirkt.

Ratna Raju predigt. Ein Jahr lang. Zwei Jahre. Drei Jahre.

Nichts passiert.

Jedenfalls nichts, was Augen sehen und Ohren hören könnten. Doch Ratna Raju bleibt dran. Fünfzehn Jahre lang. Sage und schreibe anderthalb Jahrzehnte.

Nie zweifelt er an seinem Auftrag. Er vertraut darauf, sich nicht verhört zu haben. Er ist sich sicher, dass Gott ihn hier haben will. Auch als am Ende der fünfzehn Jahre die Zwischenbilanz extrem dünn ausfällt. Obwohl er nur gerade einmal eine Handvoll Menschen überzeugen konnte. Sein Gottvertrauen kommt dadurch nicht ins Wanken. Wunder Nummer zwei.

Eines Tages aber hat der geduldige Prediger gemeinsam mit seiner Frau Krupa im Dorf Donkarayi eine Panne. Sein Motorrad streikt, springt nicht mehr an. Ratna Raju prüft alles, was man nur prüfen kann. Schraubt an der Maschine herum. Nichts. Was tun in einer feindseligen Umgebung ohne U-Bahn-Anschluss und ohne Taxi?

In der Not kniet sich das Ehepaar neben dem Motorrad auf den Boden und bittet Gott um Hilfe. Nicht etwa still, sondern laut und deutlich vernehmbar. Ein paar intensive Minuten lang. Dann probiert Ratna Raju es noch einmal und – rums – der Motor röhrt durch den Dschungel. Glück gehabt oder ein Wunder erlebt? Für Ratna Raju ist die Antwort klar.

Aber erst das, was dann geschieht, rechnet Ratna Raju auch Jahrzehnte später zu den größten Wundern in seinem Leben. Obwohl er im Laufe der Jahrzehnte eine ganze Menge Wunder erlebt hat:

Direkt neben ihnen ist auch ein Mann aus dem Dorf auf die Knie gefallen. Nicht freiwillig, sondern so als ob er besiegt und überwältigt worden wäre.

Ratna Raju und Krupa wenden sich an den Mann auf dem Boden und erfahren: Der ist ein Medizinmann. Im Bund mit bösen Geistern. Beherrscht von dunklen Mächten. Er hatte ihr Motorrad mithilfe seiner übersinnlichen Kräfte gestoppt. Er wollte die Anhänger eines anderen Gottes vertreiben. Jetzt muss er einsehen: Der Gott, an den sich diese beiden Menschen gewandt haben, ist stärker als die Mächte, mit denen er sich verbündet hat. Das hat ihn umgehauen. Im wahrsten Sinne des Wortes.

Ratna Raju berichtet mir die unglaubliche Geschichte mit inzwischen strahlendem Gesicht: *„Der Besessene erkannte in dieser Lage die Kraft Jesu. Er wurde frei von den Mächten, die vorher über ihn geherrscht hatten. Er wurde zum fröhlichen Nachfolger Jesu. Er erzählte in allen Dörfern der Umgebung davon. Gerade auch denen, die früher vor ihm und seinen Zaubereien und Verwünschungen gezittert hatten. Durch seine Geschichte interessierten sich plötzlich viele Menschen für den christlichen Glauben. Viele kamen und wollten mehr erfahren. Etliche entschieden sich dafür, mit Jesus zu leben. Sie ließen sich taufen. Durch Gottes Gnade bewirkte dieses Wunder sehr viel. Gott öffnete durch diesen Mann Türen, die vorher fest verschlossen waren.“*

Ratna Raju erinnert sich gerne und voller Dankbarkeit an dieses Erlebnis. Nach fünfzehn dürren Jahren ging mit einem Mal die Saat seiner Anstrengungen auf. Er konnte Frucht sehen. Konnte erleben, wie Menschen zum Glauben an Jesus Christus kommen. Hoffnung finden. Ein freieres Leben führen. Er konnte endlich eine Gemeinde gründen. In Donkarayi. Genau in dem Dorf, in dem sein Motorrad nicht mehr anspringen wollte. Genau dort, wo wir heute sitzen.

Sehr viel ist gewachsen seit damals. Seine allererste Gemeinde in Donkarayi bestand aus genau vier Gemeindegliedern plus ihm als Pastor mit seiner Frau Krupa und ihren drei Söhnen. Ein ziemlich überschaubares „Kirchlein“ reichte für die Gottesdienste aus. Doch die Gemeinde wuchs, in Donkarayi und rundherum. Ratna Raju ist heute Dekan der Gegend. Verantwortlich für fünfundzwanzig Pastoren und ihre Gemeinden. An einem normalen Sonntagvormittag versammeln sich bis zu fünftausend Menschen in der Gegend um Donkarayi zum Gottesdienst in einer der knapp fünfundzwanzig Nethanja-Gemeinden. Was mit Wundern begann, hat sich wunderbar weiterentwickelt.

Immer wieder erleben Ratna Raju und seine wachsende Schar von Mitstreitern: Gott greift immer noch auf wunderbare Weise ein.

Er berichtet mir begeistert ein paar Beispiele in Stichworten, die ihn selbst berührt und gestärkt haben:

Da war Bagata, der Mann, den eine Schlange gebissen hatte. Sein ganzer Körper voller Gift. Die Haut stark verändert. Das Gesicht entstellt. Dem Tod näher als dem Leben. Der Gebetskreis der Frauen aus Ratna Rajus Gemeinde betete und betete um Heilung. Und tatsächlich: Nach wenigen Tagen verschwand das Gift aus dem Körper. Die Haut wurde wieder normal. Der Mann überlebte den eigentlich tödlichen Biss.

Und auch von dem jungen Mann mit der HIV-Infektion berichtet mir Ratna Raju. Hier im Dschungel gab es keine passenden Medikamente, die ihm hätten helfen können. Sein Bruder war der Krankheit bereits erlegen. Nun lag er selbst im Sterben. Keine Hoffnung mehr, sagten die Ärzte. Doch Ratna Raju betete. Und der Mann erholte sich und kam wieder ganz zu Kräften.

Und da war auch noch ein Mann aus einer von Ratna Rajus Gemeinden, der im Wald von einem Bären angegriffen wurde. Mit Axthieben konnte er den Bären mit letzter Kraft verjagen. Doch er erlitt dabei schwere Verletzungen und verlor sogar ein Auge. Als er später gefunden wurde, konnte man ihm nicht mehr helfen. Kein Puls war mehr zu fühlen. Das Leben war aus seinem Körper gewichen. Man rief nach Pastor Ratna Raju. Der eilte mit einigen anderen Christen herbei. Betete Sturm. Und erlebte, wie der Mann die Augen aufschlug und sich wieder erholte. Die acht Brüder des Mannes waren von diesem Wunder so überwältigt, dass sie sich alle an einem Tag taufen lassen wollten. Wie ein Lauffeuer verbreitete sich die Nachricht im Dschungel.

Ich will all diese Berichte hören, bevor ich mit Ratna Raju auf ein für ihn sehr schmerzhaftes Thema zu sprechen komme. Ehrlich gesagt, fürchte ich mich etwas davor, ihm Fragen zu diesem Thema zu stellen. Denn es ist erst drei Jahre her, dass Ratna Raju die schlimmste Erfahrung seines Lebens machte. Dass er erleben musste: Gott greift manchmal nicht ein.

Sein Sohn Thomas wurde damals von heute auf morgen sterbenskrank. Krebs, diagnostizierten die Ärzte in einem Krankenhaus in der Stadt.

Ratna Raju und seine Gemeinde beteten und fasteten. Rechneten fest mit einem Wunder. Erwarteten Heilung. Und mussten doch ohnmächtig erleben, dass Thomas nur sechs Wochen später starb. Mit gerade einmal achtundzwanzig Jahren. Nach einem höchst erfolgreichen Studium. Kurz bevor er einen gut dotierten Arbeitsplatz antreten konnte.

Was für ein Schock. Welche Ohnmacht. Welch abgrundtiefer Schmerz. Der Augenzeuge so vieler Wunder Gottes muss hilflos zusehen, wie sein geliebter Sohn stirbt.

Gott, warum lässt du das nur zu? Warum ausgerechnet mein Sohn? Du hast doch sonst so viele Wunder getan, warum hast du jetzt nicht eingegriffen?

So direkt schreit Ratna Raju seine Fragen nicht heraus. Zu groß ist sein Respekt vor Gott. Und außerdem würde ein solcher Ton nicht seiner fein diplomatischen indischen Art entsprechen.

Ich kann beobachten, wie sich Ratna Rajus Gesicht verfinstert. Wie er leiser wird, nach Worten ringt.

„Dieser Tod bleibt ein großes Geheimnis für uns“, sagt er zögernd. Dann schweigt er erst einmal. Die Worte haben ihn enorm Kraft gekostet.

Nach einer Pause erzählt er weiter. In den ersten Monaten nach dem Tod von Thomas quälten ihn viele Fragen: Hätte ich mehr für meinen Sohn tun können? Haben die Ärzte eine falsche Diagnose abgegeben und ihn deshalb nicht richtig behandelt? Hätte mein Sohn gerettet werden können, wenn wir mehr Geld gehabt hätten, um ihn zu einem Spezialisten zu schicken?

Später kommen andere Fragen dazu: Wollen mich meine Leute jetzt überhaupt noch hören? Bin ich in ihren Augen ein gescheiterter Mann, den Gott im Stich gelassen hat? Nimmt mich jetzt überhaupt noch jemand ernst, wenn ich von der Kraft Gottes spreche?

Ratna Raju versinkt in Schwermut. Er geht nicht mehr aus dem Haus. Grübelt. Macht sich Vorwürfe über Vorwürfe.

Zwei Jahre lang geht das so. Ratna Raju, der einst so erfolgreiche, starke Pionier und Prediger. Der Gemeindegründer und Dekan. Die beliebte Führungskraft im Dschungel. Jetzt ein gebrochener Mann ohne Kraft, ohne Hoffnung, ohne Stimme. Er hat nichts mehr zu sagen und schweigt deshalb.

Nur ganz langsam erreichen ihn erste Lichtstrahlen in seine Finsternis hinein.

Treu und selbstverständlich kümmern sich seine Gemeindeglieder um ihn und seine Familie. Sie organisieren, dass reihum Tag für Tag für die Pastorenfamilie gekocht wird. Wenn die Gemeindeglieder das Essen vorbeibringen, kommt es zu kurzen Gesprächen. Ganz ohne Vorwürfe, voller Mitgefühl und Verständnis. Vor allem Ratna Rajus Frau tun diese kurzen Begegnungen gut. Er spürt es und lässt sich anstecken. *„Ich hätte niemals gedacht, zu wie viel Liebe meine Gemeinde fähig ist"*, sagt er.

Doch sprechen kann oder will er damals noch immer nicht. Ratna Raju findet nur sehr langsam heraus aus dem Kreislauf des Grübelns und der Selbstzweifel. Er beginnt gute theologische Bücher zu lesen. Ein Buch des Schweizer Theologen Karl Barth erreicht und stärkt ihn besonders. Allmählich fängt er wieder an zu beten. Bittet Gott um neue Kraft. Wagt sich dann auch daran, ab und zu kurze Andachten in der Gemeinde zu halten.

Der tiefe Schmerz bleibt. Das ungelöste Rätsel in seinem Leben.

Ratna Raju ist ein anderer Mensch geworden. Trauer und Leid haben ihn und seine Frau Krupa hart getroffen. Der Schmerz sitzt tief und geht nicht weg. Die Zeit heilt vielleicht manche Wunde – diese Wunde heilt sie nicht. Ratna Rajus Vertrauen zu Gott ist tief erschüttert worden. Aber es bleibt bestehen. *„Schritt für Schritt bekomme ich neue Kraft"*, erzählt er mir. Nicht triumphierend, eher so, als könnte er es selbst kaum glauben.

Heute schafft der Mann mit der ruhigen Stimme es wieder, in seiner Gemeinde zu predigen. Für Predigten in anderen Dörfern reicht seine Kraft noch nicht aus. Aber wenigstens in Donkarayi gelingt es ihm. Und inzwischen hält er auch Sonntag für Sonntag wieder den Kindergottesdienst. Gerade hier auf seiner Terrasse, auf der wir beide sitzen. Er singt mit den Kindern und erzählt ihnen – trotz allem, was er erlebt hat – von der Liebe Gottes zu den Menschen.

„Ich bin durch die letzten Jahre hindurch Gott viel näher gekommen", sagt Ratna Raju leise. Aber er gesteht mir auch: *„Ich hätte nichts dagegen, wenn er mich heimrufen würde, ganz in seine Nähe. Ich wäre dazu bereit."*

Ganz allmählich findet Ratna Raju wieder die Kraft, für andere Menschen da zu sein. Für seine beiden verbliebenen Söhne. Für seine Gemeinde. Für seine Pastoren. Er spielt ihnen nichts vor. Und sie nehmen ihn, wie er ist. Leiden mit ihm und akzeptieren seine Schwäche.

Sein Vertrauen auf Gott sei durch die Krise eher noch tiefer geworden als früher, meint Ratna Raju: *„Heute kann ich wieder darum beten, dass Gott Wunder tut. Ich rechne wieder mit seiner Liebe, mit seiner Gnade."*

Wir verabschieden uns wie zwei Freunde, die sich seit vielen Jahren kennen. Er hat mir sein Herz geöffnet. Wir haben gemeinsam geschwiegen. Er hat mir Anteil gegeben an seinem Schmerz. Aber auch an seinem Vertrauen auf die Treue Gottes. Als ich ihm und seiner Frau Krupa beim Abschied zuwinke, spreche ich innerlich ein Gebet: *„Herr, tu ein Wunder an diesem Mann, erfülle ihn mit Kraft und neuem Lebensmut!"*

Ich spüre: Erste kleine Schritte in diese Richtung ist Gott bereits mit ihm gegangen.

18

DIESER TAG VERÄNDERT ALLES

Welche Höhepunkte hat die Arbeit eines Bischofs? Welche Aufgaben, Begegnungen, Erfahrungen, Dienste sind ihm besonders wichtig? Singh Komanapalli überlegt nicht lange, als ich ihm diese Fragen stelle. Er berichtet begeistert von einer gar nicht lange zurückliegenden größeren Taufe, die er zu leiten hatte.

Ostersonntag 2016, kurz nach Sonnenaufgang. Die ersten Sonnenstrahlen sorgen für ein warmes, sanftes Licht. Der Bischof und einige seiner Pastoren stapfen einen Pfad entlang. Links und rechts üppiges, mannshohes Grün. Ihr Ziel ist ein kleiner See. Hinter ihnen, vor ihnen, auf dem Pfad und im Dickicht rundherum – Bewegung, Stimmen, Lachen.

Noch ein paar Schritte, dann wird die kleine Gruppe direkt am Ufer des Sees landen. Dort warten schon viele Menschen, junge, alte, Frauen, Männer, auch ein paar Kinder springen herum. Zwei Musiker haben Trommeln umgehängt. Einige Frauen halten Tücher bereit. Immer mehr Menschen sammeln sich, hier am Ufer und auf der gegenüberliegenden Seite in Blickkontakt. Anfangs einige Dutzend, dann hundert. Es werden immer mehr.

Etliche Menschen am See sind ganz offensichtlich nicht wegen der Taufe gekommen. Mancher will seine Wäsche im See waschen. Andere verpassen ihren Kühen ein Vollbad und etwas Erfrischung.

Drüben, am gegenüberliegenden Ufer putzt sich ein älterer Mann die Zähne. Nicht weit entfernt von ihm versuchen einige Angler ihr Glück.

Singh trifft bei den Wartenden ein. Wird begrüßt von strahlenden Augen, dankbaren Gesichtern, Zeichen von Demut und Verehrung. Das lebhafte Geschnatter legt sich, die Stille wird nur durch gelegentliches Flüstern unterbrochen. Dann treten die näher, die heute die Hauptpersonen sind: etwa achtzig Frauen und Männer, viele noch ziemlich jung, einige schon im Seniorenalter. Die Männer im weißen Hemd, mit feierlich-ernster Miene, manche angespannt und leicht nervös. Die Frauen in leuchtend bunten Saris, einfach, aber wunderschön.

Von weit her sind sie gekommen, mit dem Bus, per Rikscha, die meisten zu Fuß. Hier draußen, etwas außerhalb der Millionenstadt Visakhapatnam, wollen sie gemeinsam einen Schritt wagen, der ihr gesamtes Leben verändern wird.

Die meisten von ihnen begegnen sich hier zum ersten Mal. Aber es gibt viel, was sie verbindet: Sie alle haben in den letzten Wochen eine Predigt von Singh gehört – in einer Lehmkapelle oder unter einem Baum, in der Bischofskirche oder vor dem Haus eines Christen. Sie wurden auf unterschiedliche Weise so von den Worten der Predigt erreicht und berührt, dass sie entschieden: Ich möchte mit Jesus leben. Ich will Christ werden.

Vierzig Tage lang hat Singh Tag für Tag gepredigt, die gesamte Passionszeit hindurch. An verschiedenen Orten, unter ganz unterschiedlichen Umständen. Vierzig Tage lang hat er Menschen dazu eingeladen, den mutigen Schritt zu wagen und ihr Leben Jesus anzuvertrauen. Die achtzig, die jetzt hier zusammengekommen sind, haben diese Einladung gehört. Und angenommen.

Zunächst haben sie eine Art Taufvorbereitungskurs besucht. Drei

Tage lang wurden sie auf diesen Tag ihrer Taufe und das anschließende Leben als Christ vorbereitet. Dabei machten Pastoren den Neuen klar: Der Weg, auf den ihr euch einlassen wollt, ist kein Zuckerschlecken. Wer in dieser Gegend Indiens Christ wird, muss eine ganze Reihe von Nachteilen auf sich nehmen.

Möglicherweise wird seine Familie ihn verstoßen. Vielleicht wird er zum Außenseiter im Dorf oder in der Nachbarschaft werden. Als Christ darf er nicht mehr in vom Staat unterstützten Läden einkaufen. Im Klartext bedeutet das: Er muss zum Beispiel für das Grundnahrungsmittel Reis einen erheblich höheren (eben nicht vom Staat gestützten) Preis bezahlen als Hindus: Statt zwei Rupien muss er stolze dreißig Rupien pro Kilo hinblättern. Eine Menge Geld für einen Tagelöhner oder eine alleinerziehende Mutter.

Die Pastoren haben auch eindringlich vor falschen Erwartungen gewarnt: Wer getauft ist, werde nicht automatisch gesund und glücklich, kriege kein dickes Bankkonto und kein schönes Haus und auch sonst keine Vergünstigungen. Im Gegenteil: Ein Christ muss damit rechnen, verspottet zu werden, geschnitten, benachteiligt, ja vielleicht sogar verfolgt. Beispiele dafür gibt es genug, viele Gemeindemitglieder können davon berichten. Doch auch über die großartige Zusage Jesu haben die Pastoren mit den Täuflingen gesprochen: Jesus wird seinen Leuten nahe sein, immer, überall, an jedem Tag und an jedem Ort.

So vorbereitet haben sie ihre Entscheidung bekräftigt. Sind hierhergekommen, um sie öffentlich zu machen. Heute soll ihr altes Leben enden und das neue Leben beginnen.

Zusammen mit einigen seiner Pastoren begrüßt der Bischof die neuen Gläubigen. Dann watet er langsam ins Wasser. Die Pastoren suchen eine Stelle mit stabilem Untergrund, zwei bauen sich hinter Singh auf und schützen ihn vor möglichen Angriffen durch Wasserschlangen oder andere Tiere.

Zu den Täuflingen und den Gemeindegliedern, die sie begleiten, gesellen sich immer mehr Schaulustige. Manche machen aus ihrer Neugier kein Geheimnis. Andere tun gelangweilt und unbeteiligt, lassen sich aber keine Bewegung im Wasser entgehen.

Einer der Pastoren ergreift das Wort, ruft mit kräftiger Stimme: *„Jetzt ist alles bereit. Hier gibt es Wasser. Hier gibt es einen Diener Gottes. Hier gilt die Gnade Jesu. Wer von euch möchte sich taufen lassen?"*

Diese schlichte Einladung sorgt erstaunlicherweise dafür, dass die Gruppe der Täuflinge noch weiter wächst. Zu der Gruppe der achtzig stoßen noch sieben, acht weitere hinzu.

Singh schließt die Augen und spricht ein Gebet. Beide Hände reckt er dem Himmel entgegen, eine starke Geste voller Kraft, Würde, Hingabe.

Nach seinem „Amen" beginnen die Trommler mit einem schnellen Rhythmus. Die Gemeinde greift ihn auf, klatscht in schnellem Takt, singt laut, kräftig und fast ein wenig schrill ein Loblied voller „Hallelujas" und „Hosiannas".

Auch die Täuflinge singen mit, etwas zögernd noch fallen sie in die einfachen Worte ein. Dann laden die Pastoren sie ein, ins Wasser zu kommen.

Erst machen sich die Frauen auf den Weg, eine nach der anderen.

Als die erste vor Singh hüfthoch im Wasser steht, erkundigt er sich nach ihrem Namen. Dann stellt er ihr drei Fragen, die im Taufunterricht besprochen worden sind:

„Glaubst du daran, dass Jesus der Sohn Gottes ist, für dich geboren, gestorben und auferstanden?

Glaubst du daran, dass deine Schuld vergeben ist durch sein Blut am Kreuz?"

Und schließlich:

„Willst du Jesus treu bleiben, solange du lebst oder bis er wiederkommt?"

Nach dem dreimaligen Ja – ein wenig schüchtern, aber deutlich vernehmbar – nimmt Singh die junge Frau an der Hand, die andere Hand legt er vorsichtig auf ihren Nacken. Laut ruft er: *„Ich taufe dich im Namen Gottes des Vaters, des Sohnes, des Heiligen Geistes.“*

Dann bugsiert er die junge Frau so nach hinten, dass sie rückwärts ins Wasser eintaucht. Einen kurzen Moment nur, dann taucht sie klatschnass wieder auf. In ihrem Gesicht mischen sich Freude und Unsicherheit.

Die Sänger und Trommler am Ufer sind bei der eigentlichen Taufzeremonie kurz verstummt. Jetzt jubeln und klatschen sie umso lauter, sie feiern und drücken ihre Freude aus.

Was nun folgt, ist gute Übung bei den Christen der Nethanja-Kirche: Eine nach der anderen kommen die Frauen zur Taufe. Anschließend folgen die Männer.

Mit unsicheren Schritten waten die Frischgetauften zurück ans Ufer. Empfangen werden sie dort von helfenden Händen mit trockenen Tüchern. Sie hören Glückwünsche und Lachen, spüren Begeisterung und Mitfreude.

Später wird jeder von ihnen eine eigene Bibel bekommen. Selbst wer nicht lesen und schreiben kann, nimmt dankbar und stolz das Heilige Buch entgegen. Zu Hause kann er es seinen Freunden und Nachbarn zeigen und bekennen: Ich möchte ab jetzt mit dem Gott leben, über den in diesem Buch gesprochen wird.

Eine Taufzeremonie wie die an diesem Ostersonntag – für Bischof Singh ist sie der Höhepunkt seiner Arbeit. Dabei sind Taufen in seiner Kirche nichts Ungewöhnliches. Fünfzig, sechzig Menschen werden im Schnitt Woche für Woche in einer seiner Kirchen getauft. Viele davon von ihm selbst. Einmal hatte er an einem einzigen Tag sechshundert Menschen zu taufen, berichtet er lachend.

Nicht immer geht es dabei so störungsfrei ab wie an diesem Ostersonntag.

Manchmal verweigern lokale Chefs oder Häuptlinge die Taufe in einem öffentlichen Gewässer. Auch Drohungen durch Terroristen sind schon vorgekommen. Manche Taufe musste kurzfristig an einen anderen Ort verlegt werden – aus Sicherheitsgründen. Einmal griff die Polizei ein und berief sich dabei auf eine anonyme Anzeige. Bei der Taufe der Nethanja-Kirche sei ein Mensch ertrunken, behauptet ein Unbekannter. Ein aus der Luft gegriffener Vorwurf.

Doch allen Störungen und Hindernissen zum Trotz: Viele Menschen wollen die Taufe empfangen und öffentlich zu ihrem Glauben stehen. Oft erlebt Singh dabei: Diese Täuflinge sind die besten Botschafter seiner jungen Kirche. Mit ihrem öffentlichen Bekenntnis beeindrucken sie Zuschauer, Familienmitglieder und Bekannte. Nach der Taufe werden sie genau beobachtet. Und wenn ihr Leben dann etwas widerspiegelt von dem, worüber sie gesprochen haben, dann überzeugt das manchmal auch die stärksten Kritiker.

Die Zeremonie am Ostersonntagmorgen ist vorbei. Fast neunzig Menschen zu taufen, das dauert. Ein wenig müde stapfen Bischof und Pastoren langsam zurück ans Ufer. Singh ist froh, dass es vorbei ist. Die Kälte des Wassers ist ihm unangenehm in den Rücken gekrochen. Jetzt nur noch schnell raus aus dem Wasser, abtrocknen und umziehen.

Doch sein Auto (wo Handtücher und trockene Kleidung warten), ist zu Fuß etwa zwanzig Minuten entfernt. Nass und schlotternd stolpert Singh los und verabschiedet sich mit einem kurzen Lächeln von den Gläubigen und den Täuflingen mit den noch feuchten Haaren.

Bis zum Wagen aber kommt er nicht: Kurz vor dem Parkplatz nähert sich eine Autorikscha mit atemberaubenden Tempo. Ein junger Mann springt heraus und stürmt auf Singh zu: *„Bitte, bitte, warten Sie, bitte taufen Sie noch meine Großmutter. Ich weiß, wir sind viel zu spät gekommen, aber bitte taufen Sie Oma!"* Wenig später steht auch die alte Großmutter vor Singh, auch sie bettelt regelrecht darum, die Taufe empfangen zu dürfen. Sehr früh am Morgen seien sie aufgestanden und lange unterwegs gewesen, erklärt ihr Enkel, sie hätten es einfach nicht früher schaffen können. Seine Großmutter fleht Singh an: *„Bitte taufe mich, Söhnchen, ich möchte nicht ohne die Taufe heimgehen!"*

Einer der Pastoren bietet an, die Taufe zu übernehmen, doch Singh kehrt selbst um. Er ist gerührt von der alten Dame. Sieht die Mühen, die sie auf sich genommen hat, spürt ihre große Vorfreude. Wenig später steht er also noch einmal im Wasser, neben ihm die alte Dame. Sie steht bis zur Hüfte im Wasser, sie zittert, aber ihre Augen strahlen. Der Bischof wiederholt die drei Fragen, die er heute schon so oft gestellt hat: *„Glaubst du an Jesus? Glaubst du, dass sein Blut dich rein macht? Willst du ihm treu bleiben?"* Ja. Ja. Ja. Dreimal antwortet die Frau, ohne zu zögern. Der Bischof nimmt sie sanft in die Arme, taucht sie unter und tauft sie auf den Namen des dreieinigen Gottes.

Nur eine Woche später erfährt er: Diese Frau ist wenige Tage nach ihrer Taufe gestorben. Sie ist „heimgegangen", wie manche sagen. Als getaufte Christin, wie sie und ihr Enkel es von ihm erbeten hatten.

Singh nimmt Kontakt mit ihrer Familie auf, fragt, ob er die Mutter christlich beerdigen dürfe. Die Reaktion eines Sohnes bewegt ihn: *„Bischof, ich war eigentlich ganz gegen Sie und Ihre Kirche. Ich habe immer gedacht, dass Sie das alles nur vorspielen. Als meine Mutter mich zu Ihren Gottesdiensten mitnehmen wollte, habe ich mich immer* *geweigert. Aber als ich jetzt hörte, dass sie sich Zeit genommen haben für meine alte, schwache Mutter, dass Sie extra zurückgegangen sind und sie getauft haben – da habe ich gemerkt: Sie sind echt. Sie lieben die Menschen ja tatsächlich.*"

Singh staunt, was seine Geste ausgelöst hat. Doch er soll noch mehr staunen:

„*Ich möchte auch Christ werden und getauft werden*", stammelt der trauernde Sohn. Und bittet ausdrücklich darum, dass seine Mutter so beerdigt wird, wie es bei den Christen in Indien üblich ist: mit Gottesdienst, Gebet, Trommeln und Gesang.

Singh selbst ist tief bewegt von solchen Erfahrungen. Die Taufe eines Menschen kann so viel verändern, für ihn wie für Menschen in seinem Umfeld, das hat er viele Male erlebt. Oft kommen Täuflinge voller Unsicherheit, geplagt von Sorgen und Zweifeln. Sie sehnen sich nach einer Freundschaft mit Jesus. Aber sie haben auch Angst vor den Folgen.

Und dann wagen sie es doch, gehen freiwillig ins Wasser, lassen sich ganz und gar untertauchen – ein altes Symbol für den Tod. Wenig später tauchen sie als neue Menschen wieder auf.

„*Wunderbar!*", strahlt Singh, als er davon erzählt. Wenn sie öffentlich dazu stehen, dass sie mit Jesus leben wollen, wenn sie es durch ihre Taufe bekennen, dann haben sie einen ganz großen Schritt geschafft.

Egal, was dieser Schritt sie kosten wird.

Egal, wie es ihnen danach gehen wird.

Egal, was sie als Christen erleben und möglicherweise erleiden müssen.

Viele der Täuflinge bekommen durch die Taufe ein neues Selbstbewusstsein, berichtet er. In der menschenverachtenden Gesellschaft wurden die Ärmsten der Armen als „Dalits", als „Unberührbare" oft erniedrigt, gedemütigt, geschwächt, ausgenutzt. Ihr Selbstbewusstsein wurde von Kindesbeinen an mit Füßen getreten. Sie fühlen sich unwürdig, unnütz, wertlos. Jetzt, nach der Taufe, können sie aller Welt sagen: *„Ich glaube an Jesus. Ich weiß, dass er mich sieht, dass er mich liebt, dass ich für ihn wertvoll bin. Er hat meine Schuld weggewischt. Ich bin ein neuer Mensch!"*

Das verändert ihre Haltung zu sich selbst durch und durch. Und auch die Haltung zu anderen Menschen.

Der Bischof wirkt nachdenklich, als er mit seinem Bericht zu Ende kommt: *„Ich hatte nie das Ziel, eine große Kirche für Tausende von Besuchern aufzubauen. Aber ich platze fast vor Freude, wenn ich einen Menschen taufen kann, der als Erster in seinem Dorf diesen Schritt wagt. Denn dieser Tag, diese Erfahrung verändert alles für ihn!"*

19

KUMARI KÄMPFT

Am Anfang war eine Frau. Eine klein gewachsene und zart gebaute. Eine ganz schön mutige. Und manchmal ziemlich hartnäckige. Eine Frau, die durch ihre Fragen, ihre Beharrlichkeit und ihre Liebe viel in Bewegung setzt.

In sehr vielen Fällen war es so.

Ohne solche Frauen wäre die Nethanja-Kirche nicht denkbar.

Ohne solche Frauen würden die einzelnen Gemeinden nicht wachsen.

Ohne solche Frauen wären viele der Gemeinden überhaupt gar nicht erst entstanden.

Frauen wie Kumari. Sie stammt aus der niedrigsten und ärmsten Gruppe innerhalb des offiziell abgeschafften, im allgemeinen Denken und im Alltag Indiens immer noch erkennbaren Kastensystems.

Sie ist „kastenlos".

Im hinduistisch geprägten Indien garantiert ihr das einen echten Fehlstart ins Leben. Schon als Teenager wird sie verheiratet mit einem ihr unbekannten Mann aus einer ebenfalls sehr armen, kastenlosen Familie. Gemeinsam mühen sich die beiden eher schlecht als recht durchs Leben. Ihre Behausung in einem Elendsviertel der Stadt ist klein, schlicht und windschief. Aber sie dient immerhin als Nest für eine ständig wachsende Familie. Kumari bekommt ein paar Kinder. Gemeinsam mit ihrem Mann zieht sie die groß. Unter großen Mühen, mit viel Verzicht. Drei der fünf Kinder überleben, werden Jugendliche, Erwachsene. Ihre älteste Tochter heiratet. Der Schwiegersohn zieht auch mit ins Häuschen der Familie, das ohnehin schon überfüllt ist.

Ein hartes Leben. Aber Kumari beklagt sich nie. Andere Frauen haben es schließlich auch nicht besser als sie.

Dann aber stirbt ihr Mann. Plötzlich, aus heiterem Himmel. An einer heimtückischen Krankheit, gegen die er sich keine Medizin leisten kann. Zu einem Arzt oder zu einem Krankenhaus kann Kumari ihn nicht bringen. Wer kümmert sich schon um einen Patienten, der nur ein paar wenige Rupien zur Verfügung hat?

Kumari ist Witwe geworden.

Ein fürchterliches Schicksal in der indischen Gesellschaft. Witwen werden indirekt verantwortlich gemacht für den Tod ihres Mannes. Witwen bringen Unglück, sagen die Leute. Wer eine Witwe auf der Straße sieht, wendet sich ab. Mit einer Witwe will niemand etwas zu tun haben. Selbst die Familie nicht. Witwen gelten nur noch als Belastung. Und entsprechend werden sie behandelt.

Kumari weiß genau, was nach dem Tod ihres Mannes auf sie zukommt. Aber wie schnell das geschehen wird und wie weh es tut, das hat sie sich nicht ausgemalt: Eine Woche nach dem Tod ihres Mannes muss sie ihren Schmuck ablegen. Ihren farbigen Sari muss sie gegen einen weißen auswechseln. So wird jeder auf der Straße schon aus der Ferne sehen: Vorsicht, eine Witwe!

Aber es kommt noch schlimmer für Kumari: Ihr Schwiegersohn setzt sie vor die Tür. Im wahrsten Sinne des Wortes. Er wirft sie aus dem Haus. Aus der Hütte. Er will sie nicht länger durchfüttern. Er untersagt auch seiner Frau und den Kindern den Umgang mit dem Belastungsfaktor Kumari.

Ein solches Schicksal ist – unfassbar – ganz „normal“ im Elendsviertel.

Für Kumari bedeutet es beinahe ein Todesurteil auf Raten.

Ihre Verzweiflung ist grenzenlos.

Doch die tapfere kleine Frau wischt sich die Tränen aus dem Gesicht und zieht los – im weißen Sari, der sie als Witwe brandmarkt. Ab jetzt ist sie auf sich selbst gestellt. Wie so viele Witwen in ihrer Stadt. Wie unzählige in ihrer Gesellschaft. Noch in den Zeiten ihrer Großmutter stürzten sich Witwen voller Verzweiflung selbst in die Flammen, in denen der Leichnam ihres verstorbenen Mannes verbrannt wurde. Auch ganz junge Frauen. Besser freiwillig sterben als aus der Familie ausgestoßen und verjagt werden.

Kumari schlägt sich irgendwie durch. Übernachtet in Bushaltestellen, in zugigen Ecken, in Kuhställen. Sie ist eine Obdachlose geworden, ganz ohne eigenes Verschulden.

Ja, es war hart, als arme Ehefrau gemeinsam mit dem Mann zu überleben und die Kinder durchzubringen. Nahezu unmöglich ist es aber jetzt, weiterzuleben, ohne in Verzweiflung zu verfallen und aufzugeben.

Doch Kumari kämpft. Und sie wittert eine Chance, die sich ihr wie zufällig bietet: Unbekannte, freundlich wirkende Menschen besuchen den Stadtteil, in dem sie haust. Sie kommen ganz unbefangen auf Kumari zu. Und sie laden sie ein zu einem christlichen Gottesdienst. Kumari kann es erst nicht begreifen:

Sie wird freundlich angesprochen – wie ein ganz normaler Mensch.

Sie ist gemeint. *Sie* wird eingeladen.

Das lässt sie sich nicht zweimal sagen. Am nächsten Sonntag schlurft sie zu dem Gebäude, das die freundlichen Menschen ihr beschrieben haben. Scheu setzt sie sich ganz hinten hin. Im Schneidersitz auf den Boden, die Wand im Rücken, den Blick unsicher auf den Boden gerichtet.

Der Kirchenraum ist nicht viel größer als eine Garage, und viel schöner ist er auch nicht. Ohne Putz, mit winzigen Fenstern, durch die kaum Licht dringt, ohne Stühle oder Bänke.

Doch immer mehr füllt sich der Raum. Männer, Kinder, viele Frauen kommen von überall her und drängen sich im Schneidersitz dicht nebeneinander. Kumari sieht immer wieder kurz auf und registriert mit Erstaunen: Sie ist nicht die einzige Frau in Weiß hier. Und noch mehr erstaunt sie: Sie wird freundlich angesehen und begrüßt wie alle anderen auch. Niemand stört sich daran, dass sie Witwe ist. Im Gegenteil: Sie fühlt sich geradezu wie ein Ehrengast.

Kumari kann nicht fassen, was sie erlebt. Hier ist sie wieder wer. Ein Mensch. Eine Persönlichkeit.

Dann beginnt der Gottesdienst, der mehrere Stunden lang dauern wird. Die rhythmischen Lieder, die gesungen werden, sind ihr vollkommen fremd. Von den Ansprachen und Gebeten versteht sie in ihrer Aufregung so gut wie nichts. Zwischendurch steht sie unbeholfen auf, sieht sich um, versucht zu verstehen. Sie hat niemals gelernt, wie man sich in einem Gottesdienst benimmt. Einmal nickt sie kurz ein und stört den Prediger, als sie mit einem lauten Gähnen wieder aufwacht. Doch niemand schimpft mit ihr. Keiner jagt sie weg.

Den Reis und die Sauce, die nach dem Gottesdienst gereicht werden, schiebt Kumari sich gedankenverloren in den Mund. Obwohl sie eine kräftige Mahlzeit nun wirklich gut gebrauchen kann zum Weiterleben. Aber Kumari ist viel mehr angesprochen von der Gastfreundschaft, die ihr hier begegnet. Rundherum gesättigt mit Liebe fühlt sie sich, als sie sich am Abend dieses Tages in irgendeiner Ecke zum Schlafen niederkauert.

Und so kommt Kumari wieder. Nächste Woche und übernächste Woche. Und immer, immer wieder. Ganz allmählich beginnt die einfache Frau zu verstehen, wovon der Pastor redet. Worum es in den Gebeten und in den Predigten geht. Was ihr die anderen Frauen erzählen über Jesus und seine Liebe zu den Menschen.

Ihre große Verzweiflung lässt nach. Ein erster Hoffnungsstrahl fällt in ihr tief verwundetes Herz. Und so kann sie ganz langsam damit beginnen, sich zu öffnen. Anderen von sich zu erzählen. Anderen zuzuhören und mit ihnen mitzufühlen.

Mitzuhelfen, wenn die Frauen der Gemeinde die Mahlzeit zubereiten.

Irgendwann ist Kumari klar: Sie will Teil dieser Gemeinde werden. Sie will tun, was die anderen tun. Und auch wenn sie noch nicht viel begreift von Jesus und dem, was er für sie bedeuten könnte: Sie hat begonnen ihm zu vertrauen. Sie will zu ihm gehören.

Kumari lässt sich taufen, an einem heißen Sonntagmorgen in dem Fluss, der ein paar Kilometer weg von ihrem Wohngebiet fließt. Aus Kumari wird Anna. Diesen Namen hat ihr der Pastor ausgesucht, der sie tauft.

Annas Leben verändert sich vollkommen. Sie lebt zwar immer noch von der Hand in den Mund. Vom Betteln. Vom Verkauf kleiner Handarbeiten. Von den Mahlzeiten, die es in der Gemeinde gibt.

Aber Anna kann wieder mit geradem Rücken durch die Straßen gehen. Jesus hat ihr den Rücken gestärkt, erzählt sie den Frauen in der Gemeinde, die inzwischen ihre Freundinnen sind. Das erzählt sie auch anderen Menschen, mit denen sie auf der Straße ins Gespräch kommt.

Eines Tages wagt sie es und kehrt dorthin zurück, wo sie nicht erwünscht ist. Sie klopft an die Tür des Hauses, das jetzt von ihrer Tochter und deren Familie bewohnt wird. Die Tochter erschrickt, aber sie weist Anna nicht ab. Und weil ihr Mann bei der Arbeit ist, kann sie sich über seinen Befehl hinwegsetzen und ihre alte Mutter ins Haus lassen.

Anna genießt diesen Augenblick, auch wenn da nicht viel Herzlichkeit ist zwischen ihr und ihrer Tochter. Doch sie kommt wieder und spürt immer mehr, dass ihre Tochter nichts dagegen hat, dass Anna im Laufe der Zeit sogar regelrecht willkommen ist. Ganz allmählich beginnt sie zu erzählen. Ihre Tochter soll wenigstens eine Ahnung von der Liebe bekommen, die sie genießen kann. Sie erzählt, was sie in der Gemeinde erlebt. Erzählt, wie aus Kumari Anna wurde.

Ihrem Schwiegersohn muss Anna weiter aus dem Weg gehen. Er ist erst entsetzt und schreit wütend herum, als seine Frau ihm Annas Besuche beichtet. Allmählich aber duldet er diese Besuche, weil er merkt, dass Anna nicht zurückkommen und der Familie zur Last fallen möchte. Aber sehen will er seine inzwischen alt gewordene Schwiegermutter auf keinen Fall.

Ein Happy End fällt leider aus für Anna, die einst Kumari hieß. So scheint es.

Eines Nachts bleibt ihr Herz einfach stehen. Die Kinder, die ihren Leichnam finden, melden es der Gemeinde, zu der Anna seit Langem gehört. Der Pastor kommt und bringt auch Annas Freundinnen mit. Aus dem Stegreif wird eine Beerdigung organisiert. Richtige Friedhöfe für Christen gibt es in ihrer Heimatstadt nicht. Die Gemeinde hat ein kleines Grundstück gekauft, als letzte Ruhestätte für die Menschen, die zu ihr gehören.

Anna, die einst verstoßene Frau, wird hier in würdigem Rahmen zu Grabe getragen. Begleitet von Liedern, Gebeten, Tränen und echter Trauer. Nicht von ihrer alten Familie, die sie nicht mehr haben wollte. Sondern von ihrer neuen Familie. Von der Gemeinde, in der sie ihre Würde, neue Hoffnung und eine Beziehung zu Jesus gefunden hat.

Annas Tochter erlebt diese Beerdigung als Beobachterin aus der Ferne mit. Sie kann nicht glauben, was sie sieht.

Ein paar Sonntage später besucht sie selbst die Gemeinde, die ihrer Mutter zur Heimat geworden war. Schüchtern überreicht sie dem Pastor nach dem Gottesdienst eine Bananenstaude. Ein Zeichen der Dankbarkeit für das, was die Gemeinde ihrer Mutter gegeben hat.

Die Tochter kommt wieder. Und wieder. Und wieder.

Irgendwann bringt sie ihre Kinder mit. Und am Ende auch ihren Mann.

Anna kann diese Entwicklung leider nicht mehr miterleben. Sie hätte unbändige Freude dabei empfunden: Ihre gesamte Familie schließt sich nach und nach der Gemeinde an. Beeindruckt und begeistert von Liebe und Gastfreundschaft.

Nein, Annas beziehungsweise Kumaris Geschichte hat kein rosarotes Happy End. Aber sie ist der Anfang einer Hoffnungsgeschichte. Anna hat mit ihrem Leben eine Hoffnungsgeschichte begonnen. So wie viele Frauen in der Nethanja-Kirche Hoffnungsgeschichten beginnen. Und Hoffnungsgeschichten erleben. Wie sie Hoffnungsträgerinnen waren und Hoffnungsträgerinnen sind.

Oft laden Frauen wie Kumari Pastoren der Nethanja-Kirche zu sich nach Hause ein und bitten: *„Komm zu mir und erzähl mir von Jesus, aber tu es so laut, dass meine ganze Nachbarschaft es hören kann."*

Oft leben sie scheinbar mutterseelenallein als Christinnen in einer feindselig eingestellten Umgebung.

Oft stellen solche Frauen den ersten Kontakt her in ein Dorf hinein, in einen Stadtteil, in ein Slumgebiet.

Oft zeigen sie durch ihr Vorbild der Familie und ihrer Nachbarschaft, was Jesus im Leben von Menschen bewirken kann.

Oft setzen sie sich geduldig dafür ein, dass auch andere Menschen von Jesus erfahren.

Oft arbeiten sie tapfer und zäh am Aufbau von kleinen Gemeinden mit, die sich unter Bäumen oder in Lehmhütten zum Gebet treffen.

Oft übernehmen sie Verantwortung in der Gemeinde: hören Menschen zu, sprechen mit ihnen, beten mit ihnen, unterstützen sie, laden in die Gemeinde ein, teilen ihre Erfahrungen mit dem Glauben.

Mutige Frauen, hartnäckige Frauen, hoffnungsvolle Frauen.

Manche erduldet dafür Schläge und Verachtung von ihrer Familie. Manche muss Gebrüll und handgreiflichen Streit über sich ergehen lassen.

Doch kleinkriegen lassen sie sich nicht. Sie sind aufrechte Frauen mit Würde, mutige Botschafterinnen Jesu, mit schlichtem Herzen und großem Glauben. Und sie sorgen dafür, dass die Kirche wächst und immer mehr Menschen dazustoßen können.

Manche dieser Frauen sind Botschafterinnen. Manche sind Wegweiserinnen. Manche sind wie schützende Engel, die sich um die Gemeinde und um einzelne Gemeindeglieder sorgen.

Sie alle erleben Respekt, Liebe und Würde durch Jesus. Und durch seine Gemeinde auf Erden. Ihre Dankbarkeit dafür ist so groß, dass sie gerne und mit höchstem Engagement zu Säulen der Kirche werden.

Ohne Frauen wie Kumari-Anna wäre die Nethanja-Kirche nicht denkbar.

Gott sei Dank für diese Frauen.

20

DAS TABU BRECHEN

Gleich platzt mir der Kragen. Gleich raste ich aus. Gleich verliere ich die Fassung und schlage mit der Faust auf den Tisch und springe auf und schreie, so laut ich kann.

Das darf doch alles gar nicht wahr sein. Was ich da höre, treibt mir die Zornesröte ins Gesicht. Je mehr ich erfahre, desto zorniger werde ich: Solche idiotischen Eltern. Solch ein Riesenhornochse von Ehemann. Solch eine heimtückische Krankheit.

Am liebsten würde ich alle Kraftausdrücke zusammensammeln, die ich kenne (Ich gestehe: Mir fallen noch erheblich kräftigere ein als die, die ich hier wiedergebe), und meinen Zorn herausbrüllen.

Ich brülle natürlich nicht. Denn die schmächtige Devika mit den hellwachen Augen, die mir gegenübersitzt und aus ihrem Leben erzählt, die kann nun wirklich nichts dafür. Im Gegenteil. Sie ist das Opfer. Und deswegen schlucke ich meinen Ärger herunter und höre ihr zu. Atemlos. Fassungslos.

Gerade einmal vierzehn ist Devika, als eine ihrer Tanten stirbt. Der verwitwete Onkel und ihre Eltern beschließen: Dann wird eben Devika seine Ehefrau Nummer zwei. Mitten im Schuljahr muss sie die siebte Klasse abbrechen, obwohl sie eigentlich weiterlernen möchte. Doch Mädchen haben nicht mitzureden, wenn es um Entscheidungen über ihr Leben geht. Basta. Devika muss kuschen. Die Hölle beginnt.

Denn der Onkel, der vom Alter her Devikas Vater sein könnte, hat Aids. Schon seine erste Frau hatte er angesteckt. Sie ist an den Folgen gestorben. Und nun also auch Devika. Ihr Mann ist bei der Hochzeit schon sehr schwach. Eigentlich müssten alle merken, was hier für himmelschreiendes Unrecht geschieht. Aber die Ehe wird geschlossen. Und vollzogen.

Schon einen guten Monat später ist Devika Witwe. Ihr frischgebackener Ehemann ist den Folgen seiner Krankheit erlegen. Vorher aber hat er das Virus weitergegeben an seine blutjunge Frau.

Was für ein Leben: von der Schule gezerrt, unter Zwang verheiratet, infiziert, verwitwet. Devikas traurige Lebensstationen innerhalb weniger Wochen.

Verstehen Sie nun, warum ich losschreien möchte angesichts dieser Ungerechtigkeit?

Dass ihr verstorbener Mann sie angesteckt hat, erfährt Devika erst ein paar Monate später. Sie hat immer mal wieder hohes Fieber. Sie fühlt sich schlapp, jeder Schritt ist ihr zu anstrengend. Dann die Diagnose: HIV-positiv. Wie ein Schlag auf den Kopf trifft sie dieses Urteil.

Devika lebt auf dem Land. Ihr Vater führt im Dorf Kondala ein einfaches Hotel. Oft steigen Lastwagenfahrer hier ab. Händler. Küchenhilfen auf der Durchreise. Menschen, die beruflich viel unterwegs sind. Das sind genau die Berufsgruppen, die Aids in den letzten Jahren ins ganze Land getragen haben. In Indien (und oft auch anderswo in der Welt) verbreitet sich das Virus entlang der großen Verbindungsstraßen.

Devika hat Glück im Unglück. Eine Nachbarin ist Ärztin. Nalini, Ehefrau von Singhs älterem Bruder Jeevan Komanapalli. Nalini sorgt dafür, dass Devikas Infektionen behandelt werden. Dass sie Medikamente erhält, die das Virus stoppen. Dass sie es lernt, mit ihrer Krankheit umzugehen. Die Ärztin und ihr Mann – als Regionalbischof der Nethanja-Kirche verantwortlich für eine große Zahl von Gemeinden, von sozialen Einrichtungen, ein Krankenhaus und verschiedene Schulen – kümmern sich um Devika, die als Kind Spielkameradin ihrer Tochter war. In der schlimmsten Phase ihres Lebens wird Devika aufgefangen. Und lernt über die aktive Nächstenliebe der beiden engagierten Christen auch die Liebe Jesu kennen.

„Ich bin dann ab und zu mit zur Gemeinde von Nalini und Jeevan gegangen", erzählt Devika. *„Ich habe dort erlebt, dass die Menschen mich angenommen haben, trotz meiner Krankheit. Die haben mich akzeptiert, wie ich bin. Ich durfte dazugehören. Ich weiß gar nicht, wie ich mich dafür bedanken soll. Tausendfachen Dank verdienen diese lieben Menschen."*

Devika findet allmählich wieder Lebensmut. Und sammelt Kraft. Sie wagt sich zurück auf die Schule, schließt sie erfolgreich ab, macht dann eine Ausbildung zur Laborantin.

Für die nächste Lebensphase machen Nalini und Jeevan ihr ein Angebot: Devika soll im Auftrag der Nethanja-Kirche als Sozialarbeiterin tätig werden. Soll durch die Dörfer ziehen. Soll über Aids informieren. Ihre eigene Geschichte erzählen. Schwangere und Eltern beraten. Infizierten beistehen.

Lange muss Devika nicht überlegen, gerne willigt sie ein. Sie möchte andere junge Frauen vor dem Schicksal bewahren, das sie erleben musste.

Devika bekommt eine kleine Ausbildung. Sie erfährt eine Menge über die Krankheit. Über Wege, sie zu übertragen. Über Möglichkeiten, sich zu schützen. Und darüber, wie man trotz HIV relativ normal leben kann.

Dann beginnt ihr Dienst als Aids-Diakonin. Eine Menge Arbeit wartet auf sie. Zuständig ist sie für ein ländliches Gebiet mit vierzig Dörfern. Sie besucht die Menschen, die dort leben. Lädt zu kleinen Informationsveranstaltungen ein. Hört zu und beantwortet Fragen. Warnt und macht Mut. Ihr Trumpf: Devika weiß ganz genau, wovon sie spricht. Jeder nimmt ihr ab, dass sie nicht irgendwelche Propagandasprüche klopft.

Etwa ein Dutzend Frauen plus eine Handvoll Männer beschäftigt die Nethanja-Kirche im Raum Kondala heute als Aids-Diakone. Ich will sie kennenlernen und besuche sie in der einfach eingerichteten Aids-Klinik am Rande von Kondala.

Und dann stehe ich vor diesen tapferen Frauen und Männer, verneige mich nach indischer Sitte und grüße mit einem freundlichen „Namaste“.

Der Gruß schallt zurück, wir suchen Augenkontakt und freuen uns aneinander. *„Das sind also Aids-Engel von Kondala“*, schießt es mir durch den Kopf. *„Klingt ganz ähnlich wie Erzengel …“*

Maha Lakshmi ist eine von ihnen. Die zurzeit erfolgreichste. Vom staatlichen Gesundheitsdienst ausgezeichnet als „Beste Außendienstmitarbeiterin der Region“. Maha Lakshmi lacht, als sie mir ihre Urkunde zeigt.

Seit mehr als zehn Jahren schon zieht sie durch die Dörfer. Erkundigt sich danach, welche Frau ein Kind erwartet. Schaut bei jeder einzelnen vorbei. Lädt ein zu Gesprächsrunden, bei denen sie aufklärt über die Krankheit und ihre Folgen. „Bewusstseinscamps“, so nennt sie diese lockeren Begegnungen in Häusern, auf Terrassen oder unter Bäumen. Sie möchte das Bewusstsein der Menschen im Blick auf Aids verändern. Möchte sie ermutigen zu einem offeneren Umgang mit dem Thema. Die vom indischen Staat geschalteten Informationskampagnen im Fernsehen und in anderen Medien helfen ihr dabei. Aids ist heute kein Tabu-Thema mehr. Die Menschen grenzen Patienten nicht mehr einfach aus. Dass es so weit gekommen ist, ist auch Verdienst von Frauen wie Devika oder eben Maha Lakshmi.

Meist spricht Maha Lakshmi bei ihren Touren durch die Dörfer mit Frauen. *„Aber ich trau mich auch an Männer ran und rede mit ihnen über ihre Verantwortung"*, lacht sie. Und ich spüre: Diese zupackende Frau wird sich von niemandem abwimmeln lassen, der dem Thema oder ihr aus dem Weg gehen möchte.

Auch Maha Lakshmi kann aus eigener Erfahrung sprechen. Sie hat das HI-Virus von ihrem Mann bekommen. Der wiederum hat sich bei Tempelprostituierten angesteckt. Eine religiöse Hindu-Zeremonie kombiniert mit Sex führte zu schrecklichen Konsequenzen. Für ihn. Und für seine junge Frau.

Doch Maha Lakshmi wirkt auf mich nicht bedrückt, sondern kämpferisch.

„Ich sag den Leuten: ‚Schaut mich an. Mir geht's gut. Ich habe zwei Kinder. Mein Sohn ist infiziert zur Welt gekommen, da wussten wir noch nicht, dass ich das Virus in mir trage. Trotzdem kann er heute die Schule besuchen. Und meine Tochter, die später zur Welt kam, ist gesund. Seht her, ich lebe mit HIV.' Wenn ich den Leuten das sage, dann bekommen sie Hochachtung vor mir. Und sie denken über sich und über die Krankheit nach."

Manchmal wirkt Maha Lakshmi als Geburtshelferin mit, wenn eine der Frauen entbindet, um die sie sich kümmert. *„Stell dir vor, ich habe schon fünfzig Babys das Leben gerettet. Ist das nicht ein wunderbare Aufgabe?"*

Ein Engel, sag ich's doch.

Maha Lakshmi stellt mir Dr. Ramesh vor, den medizinischen Leiter der Aids-Klinik. Der hat eine Reihe spannender Zahlen und Fakten zur aktuellen Situation: Fast neuntausend Infizierte aus der Region stehen in Kontakt mit der Einrichtung in Kondala.

Neuntausend Menschen – eine Kleinstadt. Ich bin beeindruckt und versuche mir vorzustellen, wie viele Schicksale von Ehepaaren, Familien, ganzen Dörfern davon betroffen sein mögen. Enorm, welche Wirkung diese Arbeit hat!

Neuntausend von insgesamt etwa 2,5 Millionen HIV-Infizierten in ganz Indien.

Etwa hundertfünfzig von ihnen sind heute zur Klinik gekommen. Die Ärmsten der Armen von seinen Patienten, erklärt mir Dr. Ramesh. In einem staatlichen Krankenhaus bekommen sie kostenlos Medikamente, die die Vermehrung des Virus stoppen. Alle weitere Unterstützung erhalten sie hier in Kondala:

Hier finden sie ein offenes Ohr und Beratung bei vielen Fragen.

Hier ist man für sie da, sieht ihre Not, sorgt sich um sie, betet mit ihnen.

Hier kriegen die ganz Armen einmal im Monat Lebensmittel wie Reis und Öl. Ihr Körper braucht ja Kraft, um der Krankheit zu widerstehen.

Hier werden speziell schwangere Frauen versorgt und begleitet.

„Kein Kind einer infizierten Mutter soll mit dem HIV-Virus angesteckt werden“, hat Dr. Ramesh sich vorgenommen. Stolz zeigt er mir seine Erfolgsbilanz: Etwa neunhundert junge Mütter hat sein Team in Kondala in den letzten Jahren durch die Schwangerschaft begleitet. Achthundertachtundneunzig von ihnen haben ein gesundes Kind geboren. HIV negativ.

Ich spüre Dr. Ramesh an, dass ihm selbst diese Erfolgsbilanz noch nicht ausreicht. Er kämpft um jedes einzelne Leben. Manche seiner Patienten leben seit vielen Jahren mit dem Virus, berichtet der engagierte Arzt.

Doch er und sein Team kümmern sich nicht nur um die Infizierten. Sie wollen noch viel lieber vermeiden, dass es zu weiteren Infektionen kommt.

Darum bilden sie die „Aids-Engel" aus, schicken sie los und stärken ihnen den Rücken. Sie organisieren Aids-Schnelltests auf Rastplätzen und an anderen Orten, die vor allem von Lastwagenfahrern aufgesucht werden. Sie sind Ansprechpartner und Seelsorger, Aufklärer und Mahner in einem.

Zum Beispiel für Lova, die wir treffen. Eine Frau Ende zwanzig mit der unsicheren Stimme eines Kindes. Angesteckt von ihrem Mann. Doch der wollte das nicht hören, machte sie verantwortlich. Lova aber beharrt darauf:

„Ich war meinem Mann immer treu, ich kann mich nirgendwo angesteckt haben." Nach erbittertem Streit wirft er sie hinaus, sie muss zurück ins Haus ihrer Eltern. Doch die eigenen Eltern wollen sie nicht aufnehmen. Sie verhandeln mit Lovas Ehemann. Befehlen ihrer Tochter dann, zu ihm zurückzukehren.

Lova ist verzweifelt. Sie kann nicht mehr. Sie stürzt sich in einen Brunnen, um sich selbst das Leben zu nehmen.

Mit schwersten Verletzungen landet sie in einem staatlichen Krankenhaus. Beide Beine gebrochen, starke Schmerzen, viel Blut verloren. Sie müsste dringend behandelt werden. Doch als man im Krankenhaus erfährt, dass Lova HIV-positiv ist, schickt man sie nach Hause. Das Risiko für andere Patienten sei zu groß, behauptet man.

Schließlich kommt Lova nach Kondala. Wird dort versorgt – und als Mensch behandelt.

Für die komplizierte Operation an beiden Beinen wird ein Orthopädie-Fachmann gewonnen. Nach einigen Monaten lernt Lova wieder laufen, ganz allmählich. Sie zeigt mir die Narben an ihren Beinen, die von der Operation geblieben sind. Aber sie kann wieder stehen, wieder gehen, wieder Hoffnung schöpfen.

„Wenn ich hier keine Hilfe gefunden hätte, dann wäre ich nicht mehr am Leben", sagt mir Lova. Leise, aber bestimmt.

Oder Hema Vathi. Siebenundzwanzig Jahre jung. Mutter von vier Jungs. Sie lebt bei ihrer Mutter, der Mann – von dem sie das Virus bekommen hatte – ist tot. Bei einer Vorsorgeuntersuchung stellte sich bei ihr heraus: HIV-positiv.

Einmal im Monat kommt sie nach Kondala, um sich Hilfe, Beratung und Lebensmittel abzuholen.

„Wir hoffen, dass sie lang genug lebt, um ihre Jungen noch aufziehen zu können", sagt Dr. Ramesh nachdenklich.

Nach solch eindrücklichen Begegnungen lasse ich mir von Fachfrau Dr. Nalini die Lage noch genauer erklären. Nalini leitet das Emmanuel-Krankenhaus in Kondala, zu dem auch die Aidsklinik gehört.

„Wir haben Aids in Indien im Wesentlichen unter Kontrolle", berichtet die Ärztin.

„Das heißt aber nicht, dass es nicht noch viel zu viele neue Infektionen gäbe."

Jeder einzelne Patient, der ins Emmanuel-Krankenhaus nach Kondala kommt, wird auf das Virus getestet. Viele sind darunter, die aus entlegenen Dörfern oder aus dem Dschungel stammen. *„Von hundert bei der Neuaufnahme getesteten Patienten müssen wir im Schnitt zwei oder drei sagen, dass sie infiziert sind"*, berichtet Nalini.

„Aber zum Glück sind die Zeiten zumindest weitgehend vorbei, in denen Aids entweder ein absolutes Tabu war oder mit irgendwelchen abergläubischen Praktiken verbunden wurde. Aids zu haben bedeutet kein Stigma mehr. Sozial diskriminiert aber werden gerade hier auf dem Lande die Betroffenen immer noch. Wir machen da nicht mit. Für uns sind sie Patienten wie alle anderen Patienten auch. Wir behandeln die Folgen ihrer Krankheit, unter denen viele zu leiden haben: Fieber, Tuberkulose, Hautkrankheiten, offene Wunden, die sich nicht schließen wollen. Weil wir in der Region einen guten Ruf haben, kommen immer mehr Patienten zu uns – deswegen mussten wir zusätzlich zum allge-

meinen Hospital die Aids-Klinik aufbauen. Und diese Aufgabe wächst von Jahr zu Jahr.“

Eine sehr gute Idee. Eine, die Tausenden von Menschen in der Region das Leben erleichtert und ihnen eine Perspektive gibt. Menschen wie Lova und Hema Vathi. Und wie Devika, deren Schicksal mich beinahe zu Kraftausdrücken verleitet hätte.

Devika ist übrigens seit fünf Jahren nicht mehr als Aids-Diakonin tätig. Sie hat einen Mann gefunden – HIV-positiv wie sie selbst. Sie ist mit ihm in eine Stadt gezogen und arbeitet dort in ihrem Beruf als Laborantin. Ihr Mann hat eine Stelle bei der indischen Bahn, die er trotz seiner Krankheit ausüben kann. Ein Herzenswunsch von Devika ist in Erfüllung gegangen: Sie hat einen Sohn bekommen. Nicht infiziert, sondern kerngesund – durch die intensive Betreuung während der Schwangerschaft und, da ist sich Devika ganz sicher, durch die Gnade Gottes. Devika hatte viel Kraft gebraucht und speziell die Beratung und Unterstützung durch Nalini und Jeevan, bevor sie Mut zum Kind hatte.

Am Ende des Gesprächs mit ihr hat sich mein anfänglicher Ärger in Luft aufgelöst. Stattdessen habe ich großen Respekt vor der jungen Frau, die da vor mir sitzt. Bei ihr ist nicht „Ende gut, alles gut“. Sie hat weiter mit den Auswirkungen der Krankheit zu kämpfen. Ist manchmal schwach und antriebslos. Ihren Platz in der Gesellschaft muss sie sich immer neu erobern und behaupten. Ihre Ehe ist für sie nicht nur Zuckerschlecken, gesteht sie mir in erstaunlicher Offenheit.

Aber sie ist unendlich glücklich und dankbar. Das wiederholt sie ein paar Mal. Und ihre Augen strahlen dabei. Und dann sagt Devika mir noch: *„Der Herr ist mein Hirte, dieser Satz aus dem 23. Psalm, der ist mein Lebensmotto geworden!“*

Wie gut, dass ich mich zu Beginn des Gesprächs beherrscht und nicht herumgeschrien habe. Ich hätte viel verpasst, wenn ich nicht weiter zugehört und hingesehen hätte.

Am Ende ziehe ich meinen Hut vor dieser tapferen jungen Frau. Und vor jedem einzelnen der „Aids-Engel" von Kondala.

21

MÄDCHEN STARK MACHEN FÜR DIE ZUKUNFT

Sunitha, Ehefrau von Pratap Komanapalli, hat einen für deutsche Ohren ungewöhnlich klingenden Titel. Sie ist „Correspondent of the Nethanya Residential Highschool in Rajahmundry". Wir würden wohl sagen: Diese Frau ist Direktorin einer gut organisierten Gesamtschule. Chefin von fünfundzwanzig Lehrerinnen und Lehrern. Verantwortlich für vierhundertfünfzig Schülerinnen und Schüler in Klasse eins bis zehn. Für Kinder und Jugendliche, für die Bildung ein Stück Zukunft bedeutet.

Sunitha leitet die Schule seit mehr als zwei Jahrzehnten. Hat mit wenigen Klassen und einer überschaubaren Zahl von Schülern angefangen. Hat die Schule unermüdlich Stück für Stück aufgebaut. Weil sie will, dass Kinder und Jugendliche, die aus zum Teil schrecklichen Verhältnissen kommen, möglichst viel lernen können. Denn ohne Bildung werden die niemals den Weg heraus aus der Armut finden.

Sunitha leitet eine Schule für die „untersten" Mitglieder der indischen Gesellschaft. Für Kinder, deren Eltern nur sehr wenig Geld zusammenkratzen können. Für Kinder der sogenannten „Dalits", der „Unberührbaren", die ganz unten stehen auf der gnadenlosen Stufenleiter des Kastensystems. Und für solche Kinder, die keine Eltern mehr haben. Bei denen nur noch ein Elternteil lebt. Oder von denen die Familie nichts mehr wissen will.

Sunitha ist gewissenhafte Managerin der Schule. Sie gibt den pädagogischen Kurs vor. Setzt behutsam die Qualitätsstufe immer ein bisschen höher. Trommelt die richtigen Lehrerinnen und Lehrer zusammen. Sorgt für Disziplin und möglichst gute Arbeitsbedingungen. Sie muss streng sein und sagen, wo es langgeht. Aber genauso auch trösten und ermutigen. Manche Schüler sagen „Mami" zu ihr, erzählt sie mir. Dabei lächelt sie und wirkt auf einmal nicht mehr wie die Direktorin, sondern wie eine schüchterne junge Mutter voller Stolz auf ihr Baby.

Warum sie diesen Job so engagiert macht, will ich wissen.

Die Antwort ist unmissverständlich: *„Ich will Kinder stark machen. Ich möchte sie stärken für das, was auf sie zukommt. Sie sollen gut auf ihr Leben vorbereitet werden. Gerade die Mädchen in unserer Gesellschaft brauchen das dringend."*

Bildung als Reisepass in eine bessere Zukunft.

Sunitha spricht Klartext. Mit ihr kann ich offen reden über Not und Elend. Über Lebensumstände und Einkommensverhältnisse der Eltern. Über Herausforderungen und Hoffnungsschimmer.

Sie antwortet mit leiser, eindringlicher Stimme. Aber ich spüre schon nach wenigen Sätzen: Diese Frau weiß, was sie will. Und entsprechend direkt darf ich fragen. *„Warum bringen so viele Eltern ihre Kinder ausgerechnet auf deine Schule?"*, will ich wissen.

Sunitha lächelt. Diese Frage gefällt ihr. *„Unsere Schule hat einen guten Ruf in der Gegend"*, sagt sie. *„Die Leute wissen, dass unsere Schülerinnen und Schüler viel mehr lernen als die auf den öffentlichen Schulen. Bei uns herrscht Ordnung. Unsere Lehrerinnen und Lehrer sind gut ausgebildet. Die Regierung überwacht Privatschulen wie uns ganz besonders aufmerksam. Wir sind ständig daran, unseren Standard zu verbessern. Das spricht sich herum."*

Ich habe ja keine Ahnung, wie es sonst zugeht an indischen Schulen, aber hier bei Sunitha herrscht Ordnung, das kann ich beim Besuch in der Schule erleben.

Morgens um neun Uhr treten alle an, in Reih und Glied – ein Erbe der Kolonialzeit, als die Briten in Indien das Sagen hatten und ein Schulsystem aufbauten. Nach Klassen geordnet stehen sie auf dem Schulhof. Mädchen und Jungen in einfacher Schulkleidung. Niemand soll hier auffallen durch besonders ärmliche oder besonders teure Klamotten.

Ein gemeinsames Lied. Das vom Staat vorgegebene „Gelöbnis" *(„Indien ist mein Land. Wir Inder sind alle Schwestern und Brüder").* Dann ein Gebet. Los geht's mit der Arbeit.

Einige Gesichter auf dem Schulhof kommen mir bekannt vor. Ich erkenne manche der Mädchen aus dem „Shalom-Mädchendorf" wieder. Sie winken mir, manche begrüßen mich. Zu diesen Mädchen kommen etwa fünfundvierzig Jungs aus einem weiteren Kinderheim, das die Nethanja-Kirche hier am Ort betreibt. Etwa ein Drittel der Highschoolschülerinnen und -schüler stammt aus solchen Heimen. Und die anderen?

Sunithas Antwort ist wieder knapp und präzise: *„Unsere Kinder kommen aus der Umgebung. Aus allen sozialen Schichten, aus allen Kasten, aus allen Religionen."*

Ich erfahre: Ein guter Teil der Kinder stammt aus den Elendsvierteln der Stadt. Ihre Familie haust in windschiefen Bruchbuden, in Behelfsunterkünften, zusammengezimmert aus Brettern, Pappe und Blech.

Etliche andere Schülerinnen und Schüler stammen aus der unteren Mittelschicht Indiens. Ihre Eltern haben kleine Jobs als Fahrer, als Büroboten, als Reinigungskräfte. Doch selbst manche Eltern aus der höheren Mittelschicht schicken ihre Kinder. Sie könnten sich andere Ausbildungswege leisten. Aber sie setzen auf den guten Ruf und die Qualität der Schule. Obwohl dort gerade die Kinder der Ärmsten besonders willkommen sind.

Sunithas Stimme wird streng: „*Wir legen sehr viel Wert darauf, dass es an der Schule keinen Unterschied gibt zwischen ärmeren und reicheren Kindern. Alle sind gleich wichtig für uns, jedes Mädchen und jeder Junge.*"

Außer Sunitha und ihren engsten Mitarbeitern weiß niemand, wie viel Schulgeld die Eltern jeweils für ihre Kinder bezahlen. Oder ob sie überhaupt irgendetwas zu den Kosten beitragen können. Für sehr arme Familien ist der Schulbesuch der Kinder umsonst. Manche zahlen wenige Rupien im Monat. Andere geben den zehnfachen Betrag – umgerechnet aber auch nur wenige Euro im Monat.

Ohne finanzielle Unterstützung durch die Nethanja-Kirche und letztlich ohne die Mittel von Spendern aus Deutschland wäre diese Arbeit nicht möglich.

Wer in Bildung investiert, investiert in die Zukunft, das wird mir beim Schulbesuch klar. Eine bessere „Entwicklungshilfe" ist kaum vorstellbar.

Zum Beispiel für die beiden süßen vierzehnjährigen Malliswari und Kanaka Durga.

Wir treffen uns im Büro der Direktorin. Die beiden Teenie-Mädchen scheinen sich hier sehr wohlzufühlen. Sunitha ist so rücksichtsvoll, dass sie ihr Büro verlässt, als ich mit den beiden Mädchen spreche.

Die sind kaum zu bremsen. Schwärmen regelrecht von der Atmosphäre an der Schule und von ihren Lehrerinnen.

„*Ich war früher auf einer öffentlichen Schule*", erzählt mir Malliswari. „*Aber da wurde ich dauernd gehänselt und geärgert, nur weil meine Eltern arm sind.*"

Malliswaris Vater hat Gelegenheitsjobs als Fahrer. Ihre Mutter knechtet als Tagelöhnerin auf den Feldern. Sie meldeten ihr Kind auf der Nethanja-Schule an, weil sie hier kein Schuldgeld bezahlen müssen. Und Malliswari ist heilfroh darüber, hier gelandet zu sein. Mathe und der Unterricht in ihrer Muttersprache Telugu sind ihre beiden Lieblingsfächer.

„Ich bin so dankbar, hier zu sein", strahlt sie. Und für mich klingt der Satz kein bisschen aufgesetzt.

Ähnlich empfindet ihre Freundin Kanaka Durga. Sie stammt aus noch schwierigeren Verhältnissen. Der Vater schon lange tot, die Mutter so krank, dass sie nicht arbeiten und nichts verdienen kann.

„Wir könnten keine Rupie Schulgeld bezahlen", sagt Kanaka Durga beschämt. *„Deswegen hat meine Mutter mich und meinen Bruder hier angemeldet. Mir macht es viel Freude hier an der Schule. Mutter ist froh, dass wir hierherkommen dürfen. Und sie ermutigt mich, wirklich zu lernen und die Chance zu nutzen."*

Was die beiden werden wollen, wenn sie die Schule hinter sich haben?

„Lehrerin!", antworten beide und lachen mich aus. Als wollten sie sagen: Blöde Frage, das ist doch ganz klar.

Sunitha berichtet mir später von vielen ihrer ehemaligen Schülerinnen und Schülern, die es „geschafft" haben. Viele sind tatsächlich Lehrerinnen oder Lehrer geworden. Ingenieure. Beamte auf einem guten Posten.

Suribob zum Beispiel. Er wuchs ohne Vater auf, mit einer völlig überforderten Mutter in ärmlichen Verhältnissen. Suribob kämpfte sich zäh durch die Schule. Schaffte den Sprung aufs College. Und verdient heute sein Geld als Sportlehrer. *„Seine Mutter war neulich da und bedankte sich"*, berichtet Sunitha mit einem Lächeln. *„Sie hat mir gesagt: Ich habe diesen Jungen nur zur Welt gebracht. Ihr habt ihm den Weg zum Leben eröffnet."*

Sunitha schmunzelt, als sie mir das erzählt. Denn die Formulierung der Mutter hat eine doppelte Bedeutung: Durch Schule und Bildung hat Suribob den Start ins Berufsleben geschafft und kann sich und seine Familie ernähren. So ganz nebenbei haben ihn der Geist und die Botschaft an der christlichen Schule bewegt und verändert.

Erst besuchte Suribob die Gottesdienste in der befreundeten Shalom-Gemeinde, die Sunithas Mann Pratap leitet und in der Sunitha gelegentlich auch selbst predigt. Dann schleppte er auch seine Mutter und andere Verwandte mit. Heute gehören Suribob und seine gesamte Familie zur Gemeinde. Sie haben sich dazu entschieden, als Christen zu leben. Und sie tun es mit viel Freude und Dankbarkeit und mit hohem Engagement.

„Was wir an der Schule tun, dient der Bildung der Kinder", erklärt mir Sunitha. *„Aber gleichzeitig erleben sie auch, wie wir den Glauben leben, wie wichtig Jesus für uns ist. Wir zeigen ihnen den Weg zu ihm. Das beeindruckt und verändert viele Familien."*

Und doch hält es viele Hindus und Muslime nicht davon ab, ihre Kinder gerade auf die Nethanja-Highschool zu schicken.

Misserfolge? Auch danach kann ich mich erkundigen. Sunitha wird nachdenklich. Sie leidet darunter, dass immer wieder einmal Mädchen mit vierzehn, fünfzehn Jahren nach den Ferien einfach nicht mehr zur Schule zurückkehren. *„Dann haben die Familien beschlossen: Heiraten ist wichtiger als Bildung"*, erklärt Sunitha. Sie versucht rechtzeitig aufzuklären. Im Gespräch mit den Eltern setzt sie sich dafür ein, dass die ihren Töchtern eine Chance auf Bildung und Zukunft gewähren. Aber gelegentlich kommt sie zu spät. Ein Rückschlag. Einer, der immer mal wieder vorkommt.

„Gerade die Mädchen brauchen unsere volle Unterstützung", erklärt Sunitha. Rund vierzig Prozent aller Frauen in Indien können bis

heute nicht lesen und schreiben. Das muss dringend anders werden. *„Die Mädchen aus den ärmsten Familien brauchen Bildung. Vor allem die aus den Dörfern, die noch nicht richtig im modernen Indien angekommen sind.“*

Mir wird klar: Das ist Sunithas Lebensaufgabe: Mädchen stark machen. Trotzdem. Gerade deswegen.

Irgendwelche Zukunftspläne? Natürlich hat die tatkräftige Schulleiterin Sunitha ein Ja auf diese Frage bereit. Sie will den Standard der Schule weiter verbessern. Noch mehr und noch besseren Englischunterricht geben. Denn Englisch wird in vielen Berufssparten immer wichtiger. Sie hat Computer angeschafft und will den Kindern damit die Grundlagen der Datenverarbeitung nahebringen.

Und ein ganz großes Projekt hat sie sich auch noch vorgenommen: Schon bald soll zur bestehenden „Highschool“ noch ein „College“ kommen. Eine 11. und 12. Klasse, in der die Schülerinnen und Schüler schon gezielt in Richtung ihres Wunschberufs lernen könnten. Damit sie gute Lehrerinnen und Lehrer werden könnten. Oder Computerexperten.

Hat Sunitha ein Motto für sich und ihre Arbeit? – Ihr fallen gleich zwei ein:

Zunächst ein Vers aus der Bibel, ein Satz Jesu: *„Ich bin der Weg, die Wahrheit und das Leben.“* Diesen Weg möchte sie gehen, zu diesem Leben einladen.

Satz Nummer zwei könnte aus Managementbüchern stammen und passt trotzdem genau dazu: *„Make the future possible.“* Sorge dafür, dass Zukunft möglich wird.

Gerade für die, die in scheinbar hoffnungslose Verhältnisse hineingeboren wurden!

22

EIN ECHTER GRUND ZUM FEIERN

Was sind das nur für irre Trommelrhythmen? Laut dröhnen sie durchs Dorf, obwohl weit und breit kein Musiker zu sehen ist. Schnell, treibend, fast aggressiv. Und doch irgendwie mitreißend. Anziehend für einen wie mich, der selbst Musik liebt und Musik macht.

Wir sind zu Fuß unterwegs in Kondakerakam. Einem der unzähligen erbärmlich armen Bauerndörfer auf dem Land. Die Sonne steht fast senkrecht über unseren Köpfen, und sie brennt unbarmherzig. Schatten ist Mangelware.

Mir fällt auf, dass wir kaum einem Erwachsenen begegnen. Dafür umso mehr Kindern. Voller Neugier beobachten sie, was für ein seltsamer kleiner Zug sich da durch ihr Revier bewegt: vorneweg der groß gewachsene Singh, im strahlend weißen Hemd mit dem Kragen eines Geistlichen. Dicht um ihn herum eine kleine Gruppe von interessierten bleichen Besuchern aus Deutschland, durchsetzt mit einigen dunkelhäutigen Indern. Hier in Kondakerakam offensichtlich nichts weniger als eine handfeste Attraktion.

Ein Dreikäsehoch in verschlissenem T-Shirt kommt uns entgegen. Er nimmt all seinen Mut zusammen. Rennt auf uns zu und wirft uns ein knappes *„Hello, Mister“* zu. Er strahlt uns an, dann dreht er sich zu seinen Spielkameraden um, die ein paar Meter hinter ihm lauern. Und rennt auf dem schnellsten Weg zurück zu ihnen. *„Seht nur, was ich mich traue"*, scheint seine Botschaft zu sein.

Ansonsten ist nichts los im Dorf. Läden oder Gasthäuser kann ich nicht entdecken. Wir schlendern an kleinen, schlicht gebauten Häusern vorbei. Ein Sesammüller quetscht mithilfe eines mageren Ochsen und einer vorsintflutlich wirkenden Apparatur Öl in einen einfachen Eimer. Hühner laufen vor uns über die schlechte Straße. In einem Pferch döst ein Schwein mitten zwischen zwei Häusern.

Die Hitze macht uns zu schaffen. Und der Gestank erst recht. Es riecht, Verzeihung: Es stinkt. Nach Abfall. Nach Fäulnis. Nach Armut.

Ein verschlafenes, bitterarmes Kaff, könnte man meinen. Schnell weiter! Wenn da nicht der pochende Rhythmus der Trommeln aus der Ferne zu hören wäre.

Singh sammelt uns an einer Kreuzung, lädt uns mit einer Handbewegung in den Schatten ein, den eines der Häuser wirft.

„Die Menschen hier im Dorf sind alle arm", erklärt er uns. *„Sie leben von ein bisschen Landwirtschaft. Doch jetzt kommen wir zu dem Teil des Ortes, der noch ärmer ist. Ich führe euch dorthin, wo die Dalit-Familien leben. Die sogenannten ‚Unberührbaren'. Sie gelten in der Hindu-Kultur weniger als nichts. Sie werden von Menschen aus höheren Kasten als ‚Tiere' angesehen. Und sie dürfen deshalb nur die ‚niedrigsten' Arbeiten verrichten: Kanäle und Plumpsklos reinigen oder Leichen waschen zum Beispiel."*

Nach dieser Vorwarnung schreitet Singh weiter. Wir sind verstummt, irritiert, aber auch gespannt. Schon an der nächsten Ecke sehen wir es mit eigenen Augen und riechen es mit unseren Nasen: Dieser Teil von Kondakerakam ist tatsächlich noch deutlich scheußlicher als der Rest des Ortes.

Dann der Schock:

Singh hält vor ein paar niedrigen Häuschen und wechselt ein paar Worte mit den alten Frauen, die direkt *vor* diesen Behausungen auf dem Boden kauern.

„Diese Witwen dürfen nicht mehr im Haus ihrer Familie leben", erklärt er uns. *„Ihre Familien haben sie ‚aussortiert', sie sollen hier draußen auf den Tod warten. Eine der Frauen hat mir gerade gesagt: Unser Platz ist hier. Zu schwach für das Haus, aber leider noch zu lebendig für den Friedhof."*

Wir können kaum glauben, was wir mit eigenen Augen vor uns sehen: Die Familie kümmert sich so gut wie gar nicht mehr um Großmutter, Mutter, Schwiegermutter in ihrem Elend dort draußen. Einmal am Tag gibt's eine dünne Suppe. Ansonsten kämpfen Söhne, Töchter, Schwiegersöhne, Schwiegertöchter, Enkel selbst ums Überleben. Und wollen sich dabei nicht noch mit ihren Alten „belasten".

Singh wendet sich jeder einzelnen der Frauen zu. Spricht ein paar Worte mit ihr. Lächelnd. Freundlich. Wertschätzend. Und auch wir versuchen zaghaft Augenkontakt herzustellen. *„Namaste."* Dieser Gruß und diese Geste des Respekts bekommen hier ein ganz besonderes Gewicht. Ich sehe dich. Ich übersehe dich nicht.

Verstört verabschieden wir uns und folgen Singh weiter durch die ärmliche Gasse. Die Trommeln rufen uns immer noch. Nach ein paar Metern werden sie ohrenbetäubend laut. Wir müssen dicht vor unserem Ziel sein.

Wir biegen um eine Ecke und sehen plötzlich zwei wild tanzende Männer vor uns. Beide haben sich die Haut mit dicker Schminke bemalt. Ein Grundton in Ocker, dazu braune Streifen. Das Ganze gekrönt von einer wilden Maske, die einem Tierkopf ähnelt. Ich muss schmunzeln: Mit einer solchen Maskerade würden sie in Deutschland nicht als gefährliche Tiger Angst und Schrecken verbreiten, sondern eher ausgelacht werden. Aber die vielen Neugierigen am Straßenrand, die sich versammelt haben, können nicht genug kriegen vom treibenden Trommelrhythmus und den wilden Sprüngen der Tänzer. Mit offenem Mund starren die Kinder auf die Tänzer. Und sie zucken zusammen, wenn die eine unerwartete, hastige Bewegung machen.

Ich erfahre: So wird in Kondakerakam gefeiert. Musiker und Tänzer sind die örtliche Folklore-Gruppe. Sie haben die Ehre, ein großes Fest zu umrahmen. *„Heute gibt es so richtig Grund zum Feiern. Kommt alle und feiert mit!"* – das ist ihre Botschaft. Die Botschaft, die uns schon Hunderte von Metern weit quer durch das ärmliche Dorf erreicht hat.

Gut möglich, dass wir Gäste aus der Ferne auch ein bisschen gefeiert und hofiert werden sollen mit Trommeln und Tanz. Im Mittelpunkt des Festes aber stehen heute etwa zwei Dutzend schüchterne junge Frauen. Sie stehen auf einem Platz vor einer roten Häuserzeile. Vor lauter Aufregung wissen sie nicht, wohin mit den Händen. Diese Mädchen und Frauen stammen genau aus den ärmlichen Häuschen, an denen wir gerade vorbeigekommen sind. Aus den erbärmlichen Verhältnissen, die uns gerade so aufgeregt und regelrecht schockiert haben. Sie haben nicht viel Zeit in der Schule verbracht, weil sie zu Hause helfen mussten. Viele von ihnen können kaum oder gar nicht lesen und schreiben. Ihre Zukunftsaussichten sind ausgesprochen dürftig: schuften, früh heiraten, schuften, Kinder kriegen, schuften. Und dann im schlimmsten Fall auf der Straße landen, wie die alten Frauen vorhin.

Dieses Schicksal soll den jungen Frauen vor uns erspart bleiben. Ein Jahr lang sind sie deshalb hierher zum Ausbildungszentrum „Wildberg-Village" gekommen, um zu lernen. „Wildberg-Village" mitten in Indien? Tatsächlich!

Ein Unternehmer aus dem Schwarzwald (eben aus Wildberg) hat vor etwa zehn Jahren eine großzügige Finanzspritze für arme Menschen in Indien zur Verfügung gestellt. So konnte ein einstöckiges Schulungszentrum errichtet werden. Einfach, freundlich, luftig. Kein Luxus, aber erfüllt von einer Atmosphäre, die sich deutlich von dem eher bedrückenden Eindruck des Dorfes ringsherum abhebt.

Hier im Schulungszentrum „Wildberg-Village" haben sich die jungen Frauen einen dicken Brocken Zukunft erarbeitet. Ein Jahr lang haben sie hier gelernt, mit der Nähmaschine umzugehen. Mit Stoffen und mit dünnem Lederimitat haben sie geübt. Haben Saris bestickt und Handtaschen genäht. Schutzhüllen für Bibeln und praktische Küchenschürzen sind hier entstanden. Und ganz nebenbei sind aus ungelernten Mädchen junge Frauen mit Know-how, mit Ausbildung und mit einem gewissen Selbstbewusstsein herangewachsen. Und dafür kriegen sie heute eine Urkunde überreicht – von uns. Ein Grund zum Feiern, definitiv!

Und noch einen zweiten Grund gibt's: Heute bekommt jede von ihnen eine Nähmaschine. Eine eigene Nähmaschine. Ein unschätzbar wertvolles Startkapital. Ein Handwerkszeug. Aber auch der Schlüssel zu einem besseren Leben.

Zum Beispiel für Gouri. Vor zehn Jahren gehörte sie zu den allerersten zwölf Frauen, die hier lernen durften. Und dann eine Nähmaschine bekamen. Für Gouri die Chance ihres Lebens.

Bevor sie hierherkam, hatte sie bereits ein hartes Leben hinter sich. Mit dreizehn verheiratet. Schuften als Tagelöhnerin. Putzen gehen. Bei stechender Sonne stundenlang gebückt im Reisfeld Unkraut zupfen. Getreide dreschen. Als Lohn gab es umgerechnet etwa fünfzig, an guten Tagen manchmal siebzig Cent.

Heute verdient Gouri deutlich mehr. Zu Hause. Mit den eigenen Händen, auf eigene Rechnung.

Stolz erzählt Gouri mir, wie es dazu kam. Ihre Familie gehörte zu den ärmsten hier in der Gegend. Als ihr erster Sohn im Alter von zwei Jahren starb, bekam sie Besuch von Daskumar, dem Pastor der örtlichen Nethanja-Gemeinde. Der sprach ihr Trost zu. Und machte ihr ein Angebot: *„Komm zu uns, du kannst bei uns etwas lernen. Damit kannst du Geld verdienen."*

Gouri war erst sehr skeptisch. Schlich sich heimlich dorthin, wo gerade das Ausbildungszentrum „Wildberg-Village" gebaut wurde. Wollte sich ein eigenes Bild machen. Die Entscheidung wollte gut überlegt sein. Diese Ausbildung machen hieß für sie: ein Jahr lang kein Geld verdienen.

Doch sie wagte den Schritt. Kam mit ihrem inzwischen geborenen zweiten Sohn auf der Hüfte zum Training. Ihr Motiv: Sie sah keine andere Chance dafür, wenigstens einen Teil der drückenden Schulden abzubezahlen, die auf der Familie lasteten.

Schulden machen die ungebildeten Menschen im ländlichen Indien vor allem in zwei Situationen: Wenn sie ihre Töchter verheiraten und dabei die unmäßig hohe Mitgift aufbringen müssen. Oder wenn eins der Familienmitglieder krank wird, einen Arzt braucht, eine OP, ein Medikament. In der Not wenden sich viele dann an einen Großgrundbesitzer und betteln um einen Kredit. Unterschreiben per Daumenabdruck, was der ihnen hinhält – und geraten damit oft in jahrelange Knechtschaft. Denn viele der Geldverleiher sind skrupellos, setzen wahllos Beträge und Zinssätze an, die aus der Luft gegriffen sind. Und die Menschen wie Gouri nie werden zurückbezahlen können. Also müssen sie schuften. Auf den Feldern des Großgrundbesitzers. Jahr für Jahr, oft über Generationen hinweg. Stranguliert von der Schuldknechtschaft.

Um ein solches Schicksal für sich und ihren Sohn zu vermeiden, beginnt Gouri die Ausbildung. Bald gewinnt sie Freude an der neuen

Tätigkeit. Mit Engelsgeduld bestickt sie bunte Saristoffe mit feinen Mustern.

Nach einem Jahr dann hat sie die Ausbildung mit Erfolg hinter sich gebracht. Gouri, die nicht lesen und schreiben kann, bekommt feierlich eine Urkunde überreicht. Aus Europa sind extra Gäste angereist, die Gouri beglückwünschen, ihr die Urkunde und eine Nähmaschine überreichen – Lydia und Fritz Schanz haben damals den Besuch mit einer Gruppe aus Württemberg so gelegt, dass sie die Abschlussfeierlichkeiten als Ehrengäste miterleben können.

Gouri platzt fast vor Stolz. Plötzlich ist sie wer. Plötzlich kann sie was.

Heute ist sie fast jeden Abend an ihrer Nähmaschine aktiv. Im Schnitt bekommt sie einen Auftrag pro Tag. Aus der Nachbarschaft und auch von Fremden, die von ihrer guten Arbeit gehört haben. Gouri näht, stickt, bessert aus. Und kassiert. Etwa vier Mal so viel wie früher als Tagelöhnerin. Zwei, drei Euro am Tag. Eine Menge Geld hier in Kondakerakam.

Ihr Mann sah die Ausbildung und die Nähmaschine lange Zeit gar nicht gerne. Neulich aber hat er zu ihr gesagt „*Du bist jetzt eine sehr wertvolle Mutter geworden. Durch deine Arbeit haben wir schon einen großen Teil unserer Schulden zurückbezahlt.*"

Gouri ist regelrecht gerührt, als sie mir das berichtet. Und dann setzt sie noch einen drauf: „*Seit ich denken kann, wohnen wir in einer einfachen Hütte aus Palmblättern. Aber jetzt bauen wir Stein für Stein unser eigenes kleines Haus.*"

Ganz so weit ist Lakshmi noch nicht. Sie ist erst Anfang zwanzig. Und als ich sie frage, ob sie noch Geschwister hat, antwortet sie mir typisch indisch: „*Zu Hause haben wir viermal Minus.*"

„*Wie bitte, habe ich mich verhört?*", frage ich zurück.

„Meine Eltern haben das Pech, nur Mädchen bekommen zu haben. Wir sind vier Schwestern. Vier Mal ein Minus.“

Eine fürchterliche Antwort. Lakshmi schockiert mich, dann erklärt sie, was sie damit meint. Und wie aus ihrem „Minus“ immer mehr ein „Plus“ wird:

Ihre Familie hat sich hoch verschuldet. Die Hochzeit von Lakshmis ältester Schwester hat sie fast in den Ruin getrieben. Lakshmi musste damals Hals über Kopf die Schule verlassen und als billige Hilfskraft helfen, ein paar Rupien zusammenzukratzen. In dieser Lage sei Pastor Daskumar zu ihr und ihren Eltern gekommen, berichtet sie mit strahlenden Augen. Er habe sie eingeladen etwas zu lernen. Die Eltern waren erst dagegen, aber dann setzte sie sich durch. Lernte und übte. Und bekam dann vor drei Jahren zum Abschluss ihre eigene Nähmaschine.

„Ich werde den Tag nie vergessen, als die Gäste aus Deutschland kamen und mit uns feierten. Der Besuch war eine große Ehre für uns. Die Nähmaschine, die sie mir überreicht haben, steht seitdem in meinem Elternhaus. Sie wird niemals Rost ansetzen, niemals. Sie ist ja immer in Betrieb.“

Lakshmi näht, Tag für Tag. Heiraten will sie erst dann, wenn sie den Eltern aus der Schuldenfalle herausgeholfen hat. Und außerdem möchte sie unbedingt vermeiden, dass durch ihre Hochzeit neue Schulden der Familie die Luft abdrehen würden.

„Heute sind meine Eltern stolz auf mich“, sagt die junge Frau. Aber sie gesteht auch: *„Wenn ich eines Tages wirklich heiraten möchte, dann wird es gar nicht so leicht sein, einen Mann zu finden. Nicht alle Männer wollen eine selbstständige Frau. Und eine wie ich, die etwas gelernt hat und verdienen kann … die muss nicht jeden nehmen!“*

Lakshmi lacht. Ich spüre, dass sie mit jedem Kleidungsstück, das sie angefertigt hat, auch ein bisschen Selbstbewusstsein getankt hat. Sie wird es gut gebrauchen können in ihrem Leben.

Für die jungen Frauen ändert sich durch das „Wildberg-Village" die Lebensperspektive. Für ihre Familien auch. Eine Bewegung beginnt, weg von Armut, Ohnmacht, Abhängigkeit, Knechtschaft. Mehr als einhundert Frauen haben den Kurs inzwischen erfolgreich abgeschlossen, erzählt mir Pastor Daskumar. Von seiner Frau und von ihm stammt die Idee zu dem Projekt, er leitet es bis heute. Die Selbstständigkeit und die Freiheit der jungen Frauen sind seine Anliegen.

Die vielen Erfolgsbeispiele haben sich herumgesprochen, erzählt er mir. Viele Frauen bewerben sich, würden gerne einen der jährlich zwölf Ausbildungsplätze ergattern. Daskumar versucht sorgfältig auszuwählen. Er will besonders arme und besonders ehrgeizige junge Frauen fördern. Sogar ein Probetraining verlangt er. Der Erfolg gibt seinem Konzept recht.

Zurück auf den Platz vor dem Ausbildungszentrum mit dem hierzulande exotischen Namen. Die Urkunden sind überreicht – selbstverständlich wurde jede einzelne Übergabe von einem Fotografen festgehalten. Auch die Nähmaschinen haben den Besitzer gewechselt. Sie gehören jetzt Frauen wie Gouri und Lakshmi. Die Trommler und die Tänzer haben sich bereits diskret zurückgezogen.

Wir schütteln noch einmal Hände, sprechen Glückwünsche aus, verabschieden uns. Beim Rückweg fallen mir die Witwen auf der Straße ein, die ich auf dem Hinweg gesehen hatte. Und deren Schicksal mich so sehr aufgewühlt hat.

Ich bin sicher: Gouri und Lakshmi werden so etwas nie erleben müssen. Gott sei Dank!

23

DER MANN MIT DEM GROSSEN HERZEN

Im ersten Moment erstarre ich. Als der Mann am Straßenrand uns entdeckt, sich zu uns dreht, uns mit einem „Namaste" begrüßt und sich leicht verbeugt, kann ich kaum hinsehen.

Nein, das liegt nicht etwa daran, dass er unfreundlich oder abweisend wirken würde, ganz im Gegenteil. Als er Bischof Singh und uns im Schlepptau entdeckt, geht ein breites Lächeln über sein zerfurchtes Gesicht. Er schiebt die dicke Brille noch näher an die Augen heran. Dann legt er die Hände vor der Brust gegeneinander – und eben das ist der Anblick, den ich erst kaum ertragen kann.

Denn die Finger dieses Mannes sind es, die mich schockieren. Reste nur von Fingern, um genau zu sein. Verstümmelt, verknotet, wie abgefault. Als der Mann seine Fingerstummel vor der Brust zusammenführt, ahne ich auf einen Blick das Leid seines Lebens.

Doch bevor ich etwas darüber erfahren kann, verneige ich mich meinerseits – „Namaste" in seine Richtung, in Richtung der Frau, die neben ihm steht. Beide strahlen, sind sofort im lebhaften Gespräch mit Singh.

Ich spüre den großen Respekt und die tiefe Dankbarkeit, die sie ihm entgegenbringen.

Eigentlich haben wir in der Nachbarschaft andere Gesprächspartner besucht. Haben außerdem ein Kirchengebäude besichtigt, das hier in den letzten Jahren entstanden ist. Mittendrin in einem früheren Slumgelände haben die Gemeindeglieder mit ihren eigenen Händen Stein auf Stein ein schmuckes, schön eingerichtetes Gotteshaus auf die Beine gestellt. Und auch ihre eigenen Wohnungen sind mit gemeinsamer Kraftanstrengung immer stabiler und wohnlicher geworden. Das Leben der Gemeinde hat die ganze Umgebung geprägt: Aus einem Slumgebiet mit Chaos, Dreck und Gestank ist eine freundliche Siedlung mit kleinen, fest gemauerten Steinhäusern geworden. Kein Luxus, aber gute, menschenfreundliche Lebensbedingungen. Die Nethanja-Gemeinde, ihre Pastoren und Mitarbeiter haben hier im Laufe der Jahre mit ihren Gemeindegliedern etwas auf die Beine gestellt, was das Leben etlicher Familien verändert. Großartig!

Jetzt sind wir auf dem Rückweg durch die Straßen der kleinen Siedlung. Wollen uns gleich noch auf den Weg machen zu einem Elendsviertel, wo eine andere Nethanja-Gemeinde aktiv ist. Weil Singh uns führt, kommen wir nur sehr langsam voran. Er ist hier anscheinend bekannt wie ein Popstar. Nein, der Vergleich trifft es nicht: Er ist äußerst beliebt. Ich spüre das Vertrauen, das die Menschen ihm entgegenbringen.

Sie winken, sie kommen lachend auf ihn zu. Mal hier ein Gruß, mal dort ein paar Sätze. Eltern bringen ihr wenige Tage altes Baby und bitten Singh darum, es zu segnen.

Wo Singh stehen bleibt, bildet sich auf der gegenüberliegenden Straßenseite sofort eine Menschentraube. Neugierig und freundlich sehen die Menschen ihm zu.

Entsprechend langsam schieben wir uns durch die Gasse, die uns in Richtung einer größeren Straße bringen soll. Und so stehen wir plötzlich vor diesem Mann mit den verstümmelten Fingern.

Irgendwie spüre ich schon im ersten Moment, dass hier etwas ganz Besonderes geschehen kann.

Der alte Mann hängt inzwischen mit den Augen an den Lippen Singhs. Singh spricht mit sanfter Stimme zu ihm, dann dreht er sich plötzlich zu uns um. Er stellt uns den Mann vor, der vor ihm steht.

„Das ist eine der Säulen, die die Gemeinde hier aufgebaut hat", erklärt Singh uns. *„Ein treuer und zuverlässiger Mitarbeiter Gottes. Assirwadam."*

Assirwadam hört seinen Namen, verbeugt sich und strahlt. Dabei hat er ein ziemlich hartes Leben hinter sich, wie Singh uns erklärt.

Sechzehn Jahre alt war Assirwadam, als er die ersten Flecken auf seiner Haut entdeckte. Helle, weiße Flecken. Taub. Bald war ihm klar: Lepra. Eine Infektionskrankheit mit damals weitreichenden Folgen. Assirwadam versuchte erst so zu tun, als ob da nichts wäre. Niemand sollte sehen, dass er erkrankt war. Ein paar Jahre lang konnte er die hellen Flecken verstecken. Ging nicht mit zum Baden, wenn die anderen in den See sprangen. Legte sein Hemd auch bei der größten Hitze nicht ab.

Doch eines Tages ging das nicht mehr. Eines Tages sahen alle, was manche wohl schon vermutet hatten: Assirwadam ist krank.

Bevor sie ihn noch aus dem Dorf verjagen konnten, machte Assirwadam sich ohne ein Wort aus dem Staub. Er wollte der Familie Schande ersparen. Machte sich auf den Weg in eine große Stadt. Kroch dort unter in einem der vielen Slums.

Anfangs konnte er seine Hände noch zum Arbeiten benutzen. Dann aber verkrüppelten sie immer mehr. Jeder konnte sehen, dieser Assirwadam hat Lepra.

Das Problem bei Leprakranken, die keine Hilfe bekommen: Sie spüren nichts in Händen und Füßen, an Ohren und Nase. So verletzen sie sich häufig, merken nichts davon und kümmern sich oft nicht richtig um Entzündungen und Wunden – wie auch in dem Dreck der Elendsviertel?!

Die schreckliche Folge sind verstümmelte Füße, Hände wie Krallen, zerfressene Nasen, entstellte Gliedmaßen – ein furchterregender Anblick. Kein Wunder, dass Leprakranke in vielen Regionen der Erde gemieden und aus den menschlichen Siedlungen vertrieben wurden und oft bis heute vertrieben werden. Mit solchen Gestalten will niemand etwas zu tun haben.

Assirwadam trägt die Zeichen der Lepra seit mehr als fünfzig Jahren am Körper. Ein halbes Jahrhundert schon. Seitdem kann er seine Hände nicht mehr richtig gebrauchen, kann er sich nur schlurfend auf seinen verkrüppelten Füßen bewegen. Assirwadam muss das tun, was viele Kranken und Behinderten in Indien tun: sich an die Straße setzen und um Almosen bitten.

Irgendwann bekommt er Kontakt zur Nethanja-Kirche. Seine Wunden werden versorgt. Er bekommt Medizin, die die Krankheitserreger in seinem Körper besiegt. Eigentlich ist er nun kein „Leprakranker" mehr. Aber die sichtbaren Folgen der Krankheit bleiben ihm: die verstümmelten, verkrüppelten Gliedmaßen. Die Unfähigkeit, mit den Händen zu arbeiten.

Singh erzählt uns in knappen Zügen die Geschichte dieses Mannes und nickt dabei ab und zu in seine Richtung.

Dann zieht er ein Bündel Geldscheine aus der Tasche und zeigt es Assirwadam. Der sieht das Bündel Rupien-Scheine, strahlt, stammelt irgendetwas. Ich weiß natürlich, was jetzt geschehen wird: Der Bischof wird dem armen Mann gleich diese Scheine geben.

Ich soll mich gewaltig täuschen.

Durch den Kontakt zur Nethanja-Kirche hat Assirwadam nicht nur medizinische Hilfe bekommen, berichtet Singh weiter. Er hat Jesus kennengelernt. Er hat gehört und dann selbst erlebt, dass Jesus seine Augen und sein Interesse nicht nur auf die schönen, reichen und gesunden Menschen richtet. Sondern gerade auch die Kranken, die Armen, die Angeschlagenen sieht. Und liebt.

Assirwadam wächst durch diese Erfahrung über sich hinaus. Die Mitarbeit in der Gemeinde und die gute Gemeinschaft dort machen ihm Mut und Hoffnung, sich etwas aufzubauen. Ein kleines Startkapital und viel Mithilfe der anderen aus der Gemeinde sorgen dafür, dass Assirwadam seine provisorische Slumhütte ganz langsam in ein fest gemauertes Haus umwandeln kann. Dort lebt er heute mit seiner Frau, genau hier, wo wir ihn jetzt getroffen haben.

Assirwadam ist heute vierundsiebzig Jahre alt. Ein schon etwas klappriger älterer Herr mit dicker Brille. Einer, der nicht gut auf den Beinen ist. Einer, dessen Finger vorhin noch Angst und Schrecken bei mir ausgelöst haben. Aber einer, dessen Strahlen mich jetzt ansteckt.

Ich erfahre: Assirwadam und seine Frau haben einen „festen Arbeitsplatz". Jeden Morgen zieht sie ihn auf einem Wägelchen an die gleiche Straßenecke. Dort singen die beiden, laut, von Herzen, unüberhörbar. Lieder von Jesus. Lieder von ihrem Glauben. Lieder von ihrer Hoffnung. Und sie bitten dabei um eine milde Gabe.

Assirwadam lebt von dem, was andere ihm aus Mitleid zuwerfen.

Zurück zu den Geldscheinen, die Singh Assirwadam zeigt. Ich kann kaum glauben, was geschieht: Singh nimmt die Scheine und steckt sie wieder zurück in die Hosentasche, aus der er sie hervorgezogen hat.

Doch Assirwadam ist darüber nicht etwa traurig. Er wiegt den Kopf hin und her – was in Indien Zustimmung bedeutet. Er freut sich offensichtlich wie ein Schneekönig … wenn ich diesen europäischen Begriff in der Hitze eines indischen Elendsviertels nach der Regenzeit verwenden darf.

Vor meinem inneren Auge baut sich eine lange Reihe von Fragezeichen auf. Zum Glück dreht Singh sich wieder zu uns und erklärt:

Gerade gestern sei ein gemeinsamer Freund zu Singh gekommen. Der habe Grüße ausgerichtet von Assirwadam. Und habe diese Geldscheine mitgebracht. Genau 1000 Rupien. Umgerechnet etwa 15 Euro. Eine Menge Geld für einfache Menschen in Indien.

Dieses Geld habe Assirwadam dem Bischof geschickt. Mit der Bitte, es für die Armen zu verwenden. FÜR DIE ARMEN.

Er wolle sich bedanken für das, was Gott in seinem Leben getan hat. Wolle denen abgeben, die Hilfe notwendig haben. Und habe den Bischof eben darum gebeten, diese Spende an Menschen zu übergeben, die sie besonders dringend brauchen könnten.

Und jetzt steht der Bischof ganz ungeplant vor diesem großzügigen Spender. Er zeigt ihm: Assirwadam, hier habe ich dein Geld. Und er erklärt ihm: Wir besuchen als Nächstes ein Slumgebiet in einem anderen Teil der Stadt. Dort gibt es ein paar sehr arme Familien, denen dein Geld helfen kann.

Deswegen also strahlt Assirwadam und bedankt sich wieder und wieder. Er kann sich kaum einkriegen darüber, dass der Bischof tatsächlich seine Bitte so ernst nimmt und sein Opfer den Armen bringen wird.

Ich staune. Assirwadams Augen sind erfüllt von Freude und wohl auch von etwas Stolz. Er verneigt sich vor Singh. Dann legt er seine Hände wieder zusammen – soweit das eben geht mit den verkrüppelten Fingern. Er dankt dafür, dass Singh seine Gaben annimmt und weitergibt an die richtigen Menschen. Aus Dankbarkeit tut Assirwadam das. Aus Freude, teilen zu können. Aus Liebe zu Jesus.

Und ich stehe daneben und bin einfach nur platt.

Assirwadam geht mir seit dieser Begegnung nicht mehr aus dem Kopf. Seine Augen. Seine Freude. Seine Finger.

Vor allem aber denke ich an das große Herz dieses Mannes.

Ich erinnere mich an eine Szene aus dem Lukas-Evangelium (Lukas 21,1-4). Dort beobachtet Jesus, wie eine arme Witwe zwei winzige Münzen spendet. Nicht viel Geld – gemessen an dem, was reiche Leute haben. Aber Jesus lobt die Frau und sagt: *„Sie hat mehr als alle anderen geopfert. Sie hat nicht nur ein bisschen abgegeben von ihrem Überfluss, sondern sie hat alles gegeben, was sie zum Leben hat."*

Ich glaube, Jesus würde über Assirwadam und seine großzügige Spende genau das sagen: *„Dieser arme Bettler hat mehr als sie alle eingelegt."*

Assirwadam, du und deine Großzügigkeit haben mich tief beeindruckt.

Danke, dass du mein Lehrer warst und mir gezeigt hast, worauf es ankommt.

Du hast mir eine eindrückliche Predigt gehalten, die mich noch lange beschäftigen wird.

Ich will dein Beispiel nicht vergessen.

Du macht deinem Namen alle Ehre. Denn Assirwadam bedeutet auf Deutsch: „Segen".

24

AUCH DAS NOCH

So. Ich bin wieder zurück in Deutschland. Sitze an meinem Schreibtisch im Kloster Triefenstein am Main. Lese noch einmal all die Kapitel dieses Buches durch, die inzwischen entstanden sind. Sehe mir noch einmal die Bilder an. Erinnere mich an die beeindruckenden Persönlichkeiten, denen ich im Zuge der Recherchen und Gespräche begegnet bin. In Deutschland und in Indien.

Ich bin zwar schon seit einer Woche wieder zurück in „meiner" Welt. Aber Indien lässt mich nicht los. Die Zeitumstellung habe ich immer noch nicht richtig geschafft. Und liege entsprechend jeden Morgen schon lange vor dem Klingeln des Weckers wach. Gerade dann gehen mir viele kleine und große Szenen durch den Kopf, die ich erlebt habe. Tatsächlich, ich habe all das erlebt. Gerade erst. Hautnah. Kaum zu glauben.

Ich habe versucht, in Indien meine Augen und meine Ohren weit aufzusperren. Offen, interessiert und gleichzeitig kritisch zu beobachten. Die richtigen Fragen zu stellen und bei den Antworten genau hinzuhören. Aus der Fülle von Einzelgeschichten und Lebensläufen die wichtigsten herauszusuchen.

Dabei gab es eine Reihe spannender Klippen zu umschiffen. Oder Hindernisse zu überwinden: Mit wenigen meiner Gesprächspartner konnte ich mich auf Deutsch oder Englisch verständigen.

Übersetzung war nötig. Und Übersetzung bringt natürlich immer auch die Gefahr mit sich, dass ich nicht hundertprozentig genau das erfahren oder verstanden habe, was mir mein Gesprächspartner eigentlich sagen wollte.

Dazu kam das Problem, dass manche Gespräche gleich doppelt übersetzt werden mussten. Zum Beispiel die mit den Bonda-Leuten aus dem Dschungel. Und die mit den weit gereisten Gesprächspartnern aus Orissa.

Stellen Sie sich diese Prozedur mal vor: Frage auf Deutsch, übersetzt in Telugu, übersetzt in Bonda beziehungsweise Uria. Antwort auf Bonda beziehungsweise Uria. Übersetzt in Telugu. Übersetzt ins Englische oder Deutsche. Jeder Satz in drei Sprachen. Nicht einfach. Sicher nicht immer ganz präzise.

Wie gut, dass ich sehen, fühlen, erleben konnte, wie meine Gesprächspartner was sagten. Wie gut, dass Mienenspiel, Augenkontakt, Gesten usw. „mitsprachen".

Ein zweites Problem war, dass ich in vielen Fällen die Geschichten nicht nachprüfen konnte, die mir erzählt wurden. Als ich zum ersten Mal von den Kinderopfern im Dschungel hörte, wollte ich das nicht glauben. Erst als mehrere Gesprächspartner unabhängig voneinander genau das Gleiche berichteten, merkte ich: Das hat sich nicht ein durchgeknallter Typ ausgedacht, um mich zu schocken. Das ist Realität. Auch wenn ich diese Realität kaum fassen, kaum ertragen kann. Ähnlich ging es mir bei den Gräueltaten, von denen mir die früheren Terroristen erzählten. Oder bei manchem Wunder.

Ich konnte viele Angaben also nicht „gegenchecken", nicht durch eine andere Quelle bestätigen lassen, wie ich es als Journalist sonst gewöhnt bin. Aber ich konnte mich in vielen Fällen davon überzeugen, dass meine Gesprächspartner wahrheitsgemäß und authentisch berichten. Ich nehme sie ernst. Ich habe keinen Grund, ihnen zu misstrauen. Und versuche deshalb so zu erzählen, wie sie es mir erzählt haben.

Ein wenig knifflig war auch die Sache mit den Namen. Nachnamen sind in Indien ziemlich unwichtig, das habe ich schnell begriffen. Verwirrend aber war, dass unglaublich viele Frauen die gleichen Vornamen haben. Besonders beliebt bei Eltern ist offensichtlich „Lakshmi". Gefühlt jedes zweite Mädchen heißt so. Zum Teil noch mit einem Zusatz vor dem Lakshmi. Aber reichlich verwirrend für mich Europäer. Und so tauchen in meinem Buch also gleich mehrere Mädchen und Frauen mit diesem Namen auf. Aber ich kann ihnen versichern: Die Damen heißen wirklich alle so.

Nur einen Namen habe ich mir mithilfe der indischen Freunde „ausgedacht": Kumari. Das Schicksal dieser Frau, das Sie in Kapitel neunzehn nachlesen können, habe ich aus mehreren fast gleich verlaufenden Lebensschicksalen zusammengesetzt. Der Name „Kumari" steht in meinem Buch für mehrere Frauen, die genau das hinter sich hatten. Aber alle heute nicht mehr am Leben sind.

Bei einer Frage schließlich bin ich hie und da am „Indian Style" gescheitert: Wenn es um Termine und konkrete Zahlen ging. Ich habe gelernt, dass im Dschungel oder auf dem Land geborene Menschen einfach nicht wissen, wann sie geboren sind („Das hat mir meine Mutter nie erzählt", sagte mir eine Gesprächspartnerin etwas verlegen, als ich wissen wollte, wie alt sie eigentlich sei). So kam es, dass manche Lebensgeschichte rein rechnerisch nicht ganz aufgehen konnte: Mit vierzehn zum ersten Mal Mutter geworden? Oder mit sechzehn? Oder noch früher?

Ich hab mein Bestes versucht und meine Gesprächspartnerin auch. Aber solche typisch deutschen Fragen lassen sich in Indien nicht so einfach klären wie bei uns.

Und auch wenn ich frage, wie viele Menschen bei diesem oder jenem Ereignis dabei waren, wie viele beispielsweise eine Taufe oder einen Gottesdienst miterlebten, sind die Angaben im Prinzip mit Vorsicht zu genießen. In einem Fall hörte ich, dass etwa hundertfünfzig Menschen zu einer Veranstaltung in der Kirche kommen würden. Ich hatte Zeit und zählte während der Veranstaltung durch. Nach zweihundertfünfzig Köpfen gab ich es auf …

Bitte betrachten Sie also die Zahlen, die Sie in diesem Buch lesen, als „indische" Angaben. Es könnten ein paar mehr, ein paar weniger oder auch genauso viele gewesen sein. Die Tendenz stimmt.

Erstaunt und dankbar war und bin ich über die Offenheit, die ich erlebte. Und über die Bereitschaft, überhaupt mit mir zu reden. Oft über ganz schön unbequeme Dinge: Wie seltsam muss das für eine junge Witwe sein, wenn da neugierige Leute aus Deutschland kommen und sie erzählen soll, wo sich ihr inzwischen verstorbener Ehemann das HI-Virus geholt hat?

Wie schwer tut sich ein Mann, der Menschenleben auf dem Gewissen hat, wenn er erklären soll, wie er mit seinen Schuldgefühlen umgeht?

Was mute ich einer jungen Frau zu, deren Eltern sich nicht um sie kümmern können, wenn ich sie nach ihrer früheren Heimat und nach eventuellem Heimweh frage?

Bei einer ganzen Reihe solcher Szenen war ich bewegt von dem großen Vertrauen, das ich erlebte. Von der Offenheit. Von dem Gefühl einer besonderen Verbundenheit, über Sprach- und Kulturgrenzen hinweg.

Und so möchte ich zum Abschluss ein großes Dankeschön sagen. Ein Dankeschön an alle, die mir die Arbeit an diesem Buch ermöglicht haben.

Vorneweg an Petra Hahn-Lütjen, Initiatorin und Lektorin des Buches. Die Frau, die die Idee hatte und mich anstiftete, sie umzusetzen. Die die Reise nach Indien mitgemacht und mich Stunde und Stunde bei Recherchen und Interviews unterstützt und herausgefordert hat.

Danke an Michael Hahn, ihren Mann, der seit Jahrzehnten schon viel unternommen hat, um die Nethanja-Arbeit durch Kulturarbeit (IG Narsapur e. V.) bekannt zu machen und zu unterstützen. Und bei der Reise im September 2016 privat dabei war – vielfältig und mit Leidenschaft engagiert.

Danke dem Brunnen Verlag, der sich an dieses ungewöhnliche und durchaus risikoreiche Buchprojekt wagte. Und der ganz nebenbei durch seine Großzügigkeit dafür sorgte, dass im Siler-Dschungel jetzt eine kleine Kirche mit dem Namen „Be-Er-Church", also „Brunnen-Kirche" gebaut werden konnte. Das Baumaterial hat der Brunnen Verlag finanziert, danke schön!

Danke Reinhold Rückle und Markus Schanz vom deutschen Unterstützerverein. Als die Planung für das Buch begann, war Reinhold Geschäftsführer und unterstützte mich mit Rat und Tat sehr bei der Arbeit. Als Reinhold sich in den Ruhestand verabschiedete, machte Markus nahtlos und ebenso engagiert weiter. Danke!

Danke an Irmgard Ramsayer, die sich für mich fast ein Menschenleben lang zurückerinnerte. Obwohl sie bei unserer Begegnung schon deutlich über neunzig war.

Danke an Lydia und Fritz Schanz, die mich mit der Nethanja-Kirche und mit ihrem Freund Singh bekannt machten. Ein großes Geschenk, danke!

Danke. Thank you. Wandhanalu all meinen Gesprächspartnern. Vorneweg meinem Freund Singh Komanapalli und seinen beiden Brüdern Jeevan und Pratap. Und deren Frauen Nalini und Sunitha.

Ein besonderes Dankeschön auch an Regina Komanapalli.

Danke an all die Mädchen und Jungen, die Frauen und Männer an allen Stationen, die meine neugierigen Fragen beantworteten und auch für Fotos zur Verfügung standen.

Danke besonders denen, die sich Zeit für ein Gespräch nahmen, deren Namen, Geschichten und Bilder trotzdem nicht in diesem Buch auftauchen. Ihr habt mir geholfen, einen Gesamteindruck zu bekommen, danke!

Danke auch an Übersetzer, Fahrer, Koch, Regenschirm-Bereithalter, Durch-den-Slum-Begleiter und und und.

Ein besonders herzliches Dankeschön sage ich Ihnen, liebe Leserin, lieber Leser.

Danke, dass Sie mit mir gereist sind. Sich auf Orte und Begegnungen eingelassen haben, die alles andere als alltäglich waren. Dass Sie auch nicht vor Regenzeit, Slums und Dschungel zurückschreckten. Sondern aufmerksam und offen mit mir unterwegs waren.

Ich wünsche Ihnen, dass Ihnen manche Begegnung noch nachgeht, die Sie hier per Buch gemacht haben. Dass mancher Satz, manches Foto, manche Aussage, manche Persönlichkeit Sie bereichern und auch künftig mit Ihnen gehen.

Namaste und auf Wiedersehen!

PS: Die Arbeit der Nethanja-Kirche ist eine in Jahrzehnten gewachsene, lebendige Angelegenheit. Viel breiter, größer, vielfältiger, als ich das in meinen kurzen Reportagen abbilden konnte. Deswegen habe ich Markus Schanz (ja, das ist einer der Söhne von Lydia und Fritz Schanz, die Sie im Buch kennengelernt haben) gebeten, zum Abschluss einen Überblick zu geben. Markus ist seit Mitte 2016 Geschäftsführer des Nethanja-Freundesvereins in Deutschland.

NACHWORT

von Pfr. Markus Schanz, Geschäftsführer des Unterstützervereins in Deutschland

Namaste – Du bist gesehen! Geschichten, die sich Christoph Zehendner nicht ausgedacht hat, sondern die unsere indischen Partner der Nethanja-Kirche tagtäglich erleben. Seit 1973 sind wir miteinander unterwegs in Indien, einem Land, das unvergleichlich vielfältig, oft sogar extrem widersprüchlich ist:

- In Indien, der größten Demokratie der Welt, leben über 1,3 Milliarden Menschen – allerdings in extrem unterschiedlichen wirtschaftlichen Verhältnissen.
- Wirtschaftlich und technologisch ist Indien auf der Überholspur – aber über vierzig Prozent der Inder sind immer noch Analphabeten.
- Einer wachsenden Ober- und Mittelschicht stehen noch immer Hunderte von Millionen Menschen gegenüber, die von weniger als einem Dollar am Tag leben müssen.
- Das Kastenwesen wurde offiziell längst abgeschafft, aber teilt faktisch die Menschen immer noch in Gruppen sehr unterschiedlicher gesellschaftlicher Geltung.
- Allgemein gelten Frauen und Mädchen immer noch als Menschen zweiter Klasse – höchstens.
- Achtzig Prozent der Inder sind Hindus, die Christen bilden eine kleine Minderheit von ca. drei Prozent der Bevölkerung und haben immer wieder mit Benachteiligungen und Verfolgungen zu kämpfen.

In diesem so faszinierenden Land arbeitet die Nethanja-Kirche im Südosten, in und um den Bundesstaat Andhra Pradesh, mit den beiden großen Hauptanliegen, den Ärmsten der Armen zu helfen und die frohe Botschaft von dem Gott zu verkündigen, „der uns sieht" (Die Bibel, 1. Mose 16,13), für den jeder Mensch zählt. Die Arbeit ist in den letzten Jahrzehnten enorm gewachsen, für uns immer wieder neu Grund, zu staunen und Gott dankbar zu sein:

Kinder und Ausbildung:

- Neun Kinderheime mit insgesamt ca. siebenhundert Kindern, davon zwei Mädchendörfer
- Drei Highschools mit insgesamt ca. tausendzweihundert Schülerinnen und Schülern
- Tagesschulen im Dschungelgebiet
- Ausbildungsstätten für Mechanik: Schlosser, Landmaschinenmechaniker, Elektriker
- Ausbildung für Computer, Elektronik und Elektronikwerkstatt
- Krankenschwesternschule
- Bible College, auch mit Kursen für ehrenamtliche Pastoren
- Nähkurse, auch für Erwachsene

Medizin und Sozialarbeit

- Missionskrankenhaus mit großer Ambulanz und fünfundsechzig Betten mit Schwerpunkt Geburtshilfe, innere Medizin und Allgemeinchirurgie
- Zentrum für Menschen mit Behinderungen (mit Kooperationspartner „Friedenshort")
- Fachklinik für Tuberkulose
- Beratungs- und Therapiezentrum für HIV-Patienten
- Ambulante, aufsuchende Hilfe für HIV-Infizierte

- Mehrere Ambulanzstationen auf dem Land und in städtischen Slumgebieten
- Witwenhilfe und Witwenwohnheim
- Hilfe für Dalits (Kastenlose, „Unberührbare")
- Blindenwohnheim
- Akuthilfe in Notfällen und bei Naturkatastrophen
- Mikrokredite

Gemeindeaufbau
- Seit 2006 stetig wachsende evangelische „Nethanja-Kirche" mit ca. tausendfünfhundert Gemeinden
- Hundertzwanzigtausend sonntägliche Gottesdienstbesucher
- Bau von Kirchen und Gemeindezentren
- Unterstützung von tausendzweihundert Pastoren, Evangelisten und Bibelfrauen

Diese breit gefächerte Arbeit unterstützen wir von Deutschland aus durch den **Verein „Kinderheim Nethanja Narsapur / Christliche Mission Indien"** mit geistlicher Begleitung, Beratung und finanzieller Unterstützung.

Unsere Geschäftsstelle ist in 74223 Flein, Theodor-Heuss-Straße 38, Deutschland. Tel. 0(049)-7131-279 74 47,
Mailadresse buero@nethanja-indien.de

Dort bekommen Sie gerne weitere Informationen.

Sie wollen helfen?

Sehr gerne! Sie können auf vielfältige Weise beitragen:
- Durch Information über unsere Internetseite www.nethanja-indien.de
- Durch Abonnieren unseres Rundbriefs „Nethanja-Post"
- Durch eine Einzelspende oder einen Dauerauftrag

- Durch Übernahme von Patenschaften
- Durch Gebet, Gottesdienste und Infoveranstaltungen in Ihrer Gemeinde

Spendenkonto:
Volksbank Herrenberg-Nagold-Rottenburg
IBAN: DE04 6039 1310 0673 0360 06
BIC: GENODES1BBV

Übrigens: Jeden Winter bieten wir Reisen in kleineren Gruppen an, bei denen Sie die Arbeit direkt vor Ort kennenlernen können.